国家智库报告 2019(25)
National Think Tank
"一带一路"

中国和希腊的全面战略伙伴关系：现状、前景及政策建议

刘作奎　宋晓敏　等著

THE COMPREHENSIVE STRATEGIC PARTNERSHIP BETWEEN GREECE AND CHINA: STATUS QUO, PROSPECTS AND POLICY SUGGESTIONS

中国社会科学出版社

图书在版编目(CIP)数据

中国和希腊的全面战略伙伴关系：现状、前景及政策建议 / 刘作奎等著．—北京：中国社会科学出版社，2019.10

（国家智库报告）

ISBN 978-7-5203-5526-1

Ⅰ.①中⋯　Ⅱ.①刘⋯　Ⅲ.①中外关系—研究—希腊　Ⅳ.①D822.354.5

中国版本图书馆 CIP 数据核字（2019）第 233445 号

出 版 人	赵剑英
项目统筹	王　茵
责任编辑	喻　苗
特约编辑	范晨星
责任校对	周　昊
责任印制	李寡寡

出　　版	中国社会科学出版社
社　　址	北京鼓楼西大街甲 158 号
邮　　编	100720
网　　址	http://www.csspw.cn
发 行 部	010-84083685
门 市 部	010-84029450
经　　销	新华书店及其他书店

印刷装订	北京君升印刷有限公司
版　　次	2019 年 10 月第 1 版
印　　次	2019 年 10 月第 1 次印刷

开　　本	787×1092　1/16
印　　张	11.25
插　　页	2
字　　数	115 千字
定　　价	78.00 元

凡购买中国社会科学出版社图书，如有质量问题请与本社营销中心联系调换
电话：010-84083683
版权所有　侵权必究

序

2019年10月1日，习近平总书记在庆祝中华人民共和国成立70周年大会上发表重要讲话，以宏大的历史视野、深邃的历史眼光，回顾中国的昨天、把握中国的今天、展望中国的明天。习近平总书记的重要讲话催人奋进，同时也启发我们从新的视角思考中国与希腊的关系。

中国和希腊拥有璀璨的昨天，两大文明古国的交往源远流长，文明成果交相辉映，中国的传统文化和希腊的神话、文学、戏剧等深受两国民众喜爱，苏格拉底、孔子等先贤在两国家喻户晓，两国人民之间有着天然的亲近感。

中国和希腊的今天，正在两国人民手中创造。两国于1972年建交，于2006年建立全面战略伙伴关系。近年来，在"一带一路"倡议引领下，中希关系不断深化拓展，各领域合作蒸蒸日上，两国战略纽带、利益纽带、友谊纽带越来越牢固。中希关系正在成为不同规模、不同制度、不同文化国家之间和平相处、合作共赢的成功典范，其影响远远超出双边范畴，在国际和地区事务中发挥着日益重要的作用。

中国和希腊的明天，必将更加美好。当今世界正处于百年未有之大变局，中国和希腊共同肩负着促进世界和平、发展与进步的历史担当，这种使命感与责任感赋予了中希合作更加重要的历史与时代意义。两国将朝着高质量共建"一带一路"的方向阔步前进，两国将利用中国—中东欧国家合作机制这一平台拓展双边及区域合作，两国将共倡文明对话，推动构建人类命运共同体。

在这一背景下，本报告应运而生，向读者全面深入介绍中希关系的历史经纬、发展现状和美好前景，汇聚了中希两国学者的智慧，相信本报告对于广大读者认识、了解希腊和中希关系大有裨益。

中希关系前景广阔、大有可为。我们期待社会各界更多地投身于中希关系的研究和实践，为推动新时代中希全面战略伙伴关系发展建言献策、添砖加瓦、贡献力量！

中国驻希腊大使　章启月
2019年10月18日于雅典

前　言

撰写一本中希关系著作的想法由来已久，主要原因还是对希腊文明由来已久的向往、中希关系快速发展的现实以及国内有关中希关系研究的稀缺。然而，两大文明各有丰富内涵，历史悠久，要想写清楚两国深厚的历史联系和现实合作并不容易。因此，写作此报告，仅是对中希关系研究的一个初步尝试。本报告采取厚今薄古方式，倾向于对现实问题的分析以及对现状的总结和展望。

总体来看，本报告有如下特点：

第一，中外合作。本报告能够完成，得益于中外智库的通力合作。本报告的作者既有来自中国国内学界的相关专家，也邀请了一些希腊大学、智库机构的专家学者。由中外学者集思广益，充分讨论沟通，设立报告的主题、写作框架、具体内容等，最终得以完成。它是集体智慧的成果，反映中外方学者的视角和关切，是一项国际视角较强的成果。

自 2018 年年初开始，由中国社会科学院 17 + 1 智库网络牵头，中外学者开始合作撰写本报告，期间多有波折，但克服各种困难，终于得以完成。

第二，多方法、多学科。本报告注重从多个角度和多种方法来展开研究分析。多方法主要体现在，既注重对现状的总结和梳理，也注重使用大数据等分析工具从长时段解析中希发展中的一些重要问题；既注重对前人研究成果的总结，也注重实地调查和分析，从中发现重要问题；既注重中方的想法和关切，也注重了解希腊方面的情况。多学科方法也在本报告中得到充分体现，包括了政治、经济、文化、社会等各个角度的研究，极大丰富了读者对中希合作的认识。

第三，注重时效、厚今薄古。本报告研究注重对现状的分析，力图呈现当下中国和希腊关系发展的一些重要事件、重要问题和线索，因此，它不是严格意义上的学术专著，而是时事分析报告。为了呈现最新动态，本报告注重对现实问题的分析，对历史问题基本忽略，力求重点突出，经世致用。当然，正因为这种编撰方式，也使对中希关系的认识，尤其是历史和文明的交流，在不同程度上忽略，期待以后能有所加强。

第四，综合性和整体性。本报告强调对中国和希腊关系的综合性和整体性分析，它并不专注于对某个具体合作领域的集中分析，而是力求做好平衡，力争呈现当下中希关系的一系列整体性特点。至于像文明交往、海事合作等具体领域的具体问题，有待于日后进一步开展深入的研究。

本报告共分为七个部分，第一、第二和第三部分分别从政治、经济和文化三个方面分析中希关系发展的现状及特点；第四部分和第五部分从相互认识的角度来考察中希关系的一些特点，中国对希腊的研究考察贯穿70年，从1949年一直延续到现在，采用了大数据分析法。而希腊对中国的认识则横跨了10年，从2008年到2018年。第六部分则对华人华侨问题给予了特别的关注，重点考察了中国在希华人华侨的具体状况。报告最后部分对当下中希关系发展提出了一系列政策建议。

本报告由中外作者联合完成，第一部分由中国社会科学院欧洲研究所的刘作奎、宋晓敏撰写，第二部分由上海对外经贸大学的张娟和尚宇红撰写，第三部分由希腊塞萨洛尼基亚里士多德大学的索菲亚·怀特洛克教授撰写，第四部分由中国知网中国科学文献计量评价研究中心张义川、林丹丹和刘作奎共同撰写，第五部分由希腊智库国际经济关系研究所帕拉梅·东切夫撰写，第六部分由清华大学硕士生刘娟平撰写，第七部分由刘作奎、宋晓敏撰写。

　　成书仓促，错漏在所难免，期待各位方家指正，以便不断完善。

摘要： 本报告从政治、经济、文化、社会等主要维度分析了中国和希腊全面战略伙伴关系的发展状况，论述了双边关系发展的前景和潜力，提出了进一步深化全面战略伙伴关系的政策建议。

中希双边政治合作呈现出显著的特色，主要体现在：首先是双方在政治层面没有利益冲突，在涉及彼此核心利益问题上互相支持、相互合作，保持了良好的政治合作势头并不断升温；其次是民间友好成为政治合作的重要支撑，希腊是欧洲民间对华最为友好的国家之一，将中国发展视为机遇，希望吸引更多的中国投资，中国民间对希腊友好，认为希腊是可以信赖的好伙伴；再次是投资关系对政治关系的拉动效应较为明显。中国对包括比雷埃夫斯港在内的大项目投资切实提升了希腊的经济实力，为当地港口、海洋经济的发展创造了契机，也切切实实为当地老百姓的就业和福利提升创造了条件，成为中希成功合作的典范性投资，对双方政治关系的巩固拉动效应明显。最后是在重大倡议和战略上的相互对接、相互契合提升了政治合作水平。中希双方把共建"一带一路"视为两国共同的机遇，大力推进发展战略对接与优势互补，在基础设施、能源、交通、通信等领域的合作取得一系列重大进展。希腊是首个签署"一带一路"合作谅解备忘录的欧洲发达国家。中希合作共建"一带一路"符合双方共同的利益，具有非常远大的发展前景。

中希双边的经贸合作取得积极成果。中希双边贸易在国际金融危机前后呈明显相反的变化趋势，危机前中希经贸和投资发展并不快，2013年，中国对希腊出口呈高速增长趋势，年均增长率高达10.22%。中国与希腊的双边货物贸易呈现出较为明显的资源禀赋特征，中国对希腊出口以劳动和资本密集型商品为主，分别占出口总额的56%和40.8%，而希腊对中国的出口中资源密集型商品占比达到85.5%，远超中国资源型产品的出口。考虑到出口品的技术含量和经济用途，则希腊出口以低技术含量产品和中间产品为主，两类产品出口额分别占各自类别出口总额的 89.2% 和 54.1%。中希在矿物燃料、润滑油和饮料及烟草大类产品上产业内贸易水平较高，相互依赖增强。两国在蔬菜、水果、糖制品及蜂蜜等食品农产品领域与化学品、染色原料、医药品、香精油及香料、塑料等制成品的产业内贸易水平相当。中希双边投资领域渐趋多样化，覆盖海洋运输、基础设施、电信和能源领域等，大项目投资取得显著进展。

中希文化方面的交流也取得明显进步。虽然相距遥远，但中希两国都拥有独特的、灿烂的文明。中希两国在哲学、数学、天文学、戏剧、绘画、科学和技术等领域都取得了辉煌的成就，成为文化交流的重要基础。在过去几十年里，希腊和中国之间开展了大量的文化交流，在文化领域签署了一系列重要协议。双方承诺将继续推动文明交流与对话。

从社会层面分析中，本报告用两次调研来做说明，即中国从 1949 年到 2019 年这 70 年对希腊的研究和关注以及媒体对希腊的报道情况，希腊民众自 2008 年到 2018 年对中国的看法。总体来看，双方民间关系友好，两国百姓对彼此看法较为积极，在遇到困难时双方能够肝胆相照，互相帮助。媒体对彼此有一定的关注度，且相互高度赞赏两国文明的发展进步、交流与互鉴。本报告还考察了华人华侨在希腊的生活和创业情况。

本报告还提出了推动中希关系进一步发展的政策建议。主要包括重视党际交往，提升政治互信；发挥好包括比雷埃夫斯港在内的大项目合作的示范效应；以海运和海事合作为突破口，推动双边贸易提质增效；多寻找中国、希腊、欧盟合作的契合点，提升中欧关系合作的互信和互惠；推动对希腊投资多元化，鼓励民间企业投资；加强文明对话，推进民心相通，打造人类命运共同体；提升中希智库合作水平和进一步做好侨务工作等。

关键词：中希合作；全面战略伙伴关系；现状；前景；政策建议

Abstract: The book discusses the development of the comprehensive strategic partnership between China and Greece from the political, economic, cultural and social dimensions, discusses the prospects and potential of development, and puts forward policy suggestions for further deepening the comprehensive strategic partnership.

The bilateral political cooperation between China and Greece presents remarkable features, which are mainly embodied in the following aspects: First, there is no conflict of interests between two sides at the political level, and they support and cooperate with each other on issues concerning each other's core interests, thus maintaining a good momentum of political cooperation and constantly warming up; Second, non-governmental friendship has become an important support for political cooperation, Greece is one of the most friendly countries to China among the European people, regards China's development as an opportunity, and hopes to have more Chinese investment in Greece. The Chinese people are friendly to Greece and believe that Greece is a reliable partner. Third, the pulling effect of investment relations on political relations is more obvious. China's investment in major projects, including the port of Piraeus, has effectively enhanced Greece's economic strength, created opportunities for the development of the local port and marine economy, and created conditions for the employment and welfare of the local people. It has become a model investment for successful cooperation between China and Greece, and has had a significant impact on the consolidation and promotion of political relations between two sides. Finally, the mutual docking and agreement of major initiatives and strategies has raised the level of political cooperation. China and Greece see the Belt and Road initiative as an opportunity for both countries to synergize their development strategies and complement each other's strengths, and have made significant progress in cooperation in infrastructure, energy, transportation and telecommunications. Greece is the first developed country in Europe to sign a memorandum of understanding on the Belt and Road initiative. Cooperation between China and Greece on the Belt and Road initiative is in the common interest of both sides and has great prospects for development.

The bilateral economic and trade cooperation between China and Greece has achieved positive results. The bilateral trade between China and Greece showed a clear opposite trend before and after the global financial crisis. In the post-crisis period since 2013, China's exports to Greece have shown a rapid growth trend, with an average annual growth rate of 10.22%. The bilateral trade in goods between China and Greece shows a more obvious feature of resource endowment. China's exports to Greece are mainly labor-intensive goods, accounting for 56% and 40% of the total exports, respectively. Taking into account the technological content and economic use of exports, Greece's exports are mainly low-technology products and intermediate products, which account for 89.2% and 54.1% of the total exports of their respective categories. China and Greece enjoy a relatively high level of intra-industry trade in the major categories of fossil fuels, lubricants and beverages, and tobacco products, and increased interdependence. The level of intra-industry trade between the two countries in food and agricultural products such as vegetables, fruits, sugar products and honey is comparable to that in finished products such as chemicals, dyeing raw materials, pharmaceuticals, essential oils and spices, and plastics. Bilateral investment between China and Greece is becoming more diversified, covering areas such as maritime transportation, infrastructure, telecommunications and energy. Significant progress has been made in large projects.

Significant progress has also been made in cultural exchanges between China and Greece. Although far apart, China and Greece enjoy a unique "reputation capital" with splendid civilizations. The ancient civilizations of China and Greece have made brilliant achievements in philosophy, mathematics, astronomy, drama, painting, science and technology, which have become an important basis for cultural exchanges. Over the past few decades, Greece and China have carried out a large number of cultural exchanges and signed a series of important agreements in the field of culture. The exchanges between the two sides cover a full range of fields from economy, commerce, municipal administration, universities, science, art and society. The two sides pledge to continue to promote civilization communication.

From the social level, the book uses two surveys to illustrate, that is, China's research and attention to Greece and the media's coverage of Greece from 1949 to 2019, Greece's views on China from 2008 to 2018. Generally speaking, the non-governmental relations between the two sides are friendly, the people of the two countries have a more positive view of each other, and the two sides can take care of each other and help each other when they encounter difficulties. The media have a certain degree of attention to each other, and highly appreciate the development and progress of different civilizations, exchanges and mutual learning. The book also examines the life and entrepreneurship of overseas Chinese in Greece.

The book also puts forward policy suggestions to promote the further development of Sino-Greek relations. It mainly includes attaching importance to the political parties' exchanges and enhancing political mutual trust; giving full play to the demonstration effect of cooperation in major projects, including the port of Piraeus; promoting the quality and efficiency of bilateral trade by taking maritime cooperation as a breakthrough; seeking more convergence between China, Greece and the European Union to enhance mutual trust and mutual benefit in China-EU relations; promoting diversification of investment in Greece and encouraging private enterprises to invest; promoting civilization communication and building a community with shared future for mankind; Improving the level of cooperation between Chinese and Greek think tanks and the work of overseas Chinese affairs.

Key Words: Sino-Greece Cooperation, Comprehensive Strategic Partnership, Status Quo, Prospects, Policy Suggestions

目　录

一　中国和希腊的政治关系 ……………………………………（1）
　（一）中希政治合作的基本特点 ……………………………（1）
　（二）不断夯实的全面战略伙伴关系 ………………………（5）
　（三）助力"17＋1合作" ……………………………………（10）
　（四）中希在"一带一路"上的合作 …………………………（12）

二　中国和希腊的经贸关系 …………………………………（17）
　（一）贸易增长 ………………………………………………（18）
　（二）双边贸易结构 …………………………………………（23）
　（三）贸易互补性与产业内贸易分析 ………………………（31）
　（四）中希双边投资规模 ……………………………………（34）
　（五）结论与启示 ……………………………………………（39）

三　中国和希腊文化关系 ……………………………………（42）
　（一）概述 ……………………………………………………（42）
　（二）历史联系与现代趋势 …………………………………（43）
　（三）改革文化关系 …………………………………………（44）
　（四）超越分歧的文化联系 …………………………………（62）
　（五）结束语：成就和前景 …………………………………（64）

四 中国人眼中的希腊
——中国学界和媒体对希腊的研究和报道
（1949—2019 年）………………………………………（67）
（一）研究说明 ……………………………………………（67）
（二）中国"希腊研究"的总体现状与发展趋势 …………（72）
（三）中国"希腊研究"的热点话题 ………………………（79）
（四）中国"希腊研究"的机构和学者 ……………………（85）
（五）中国"希腊研究"的高影响力文献 …………………（92）
（六）中国"希腊研究"的主要传播载体 …………………（96）
（七）中国"希腊研究"的地区分布 ………………………（100）
（八）总结及展望 …………………………………………（103）

五 希腊人眼中的中国
——中国在希腊的形象（2008—2018）……………………（106）
（一）希腊对中国的认知 …………………………………（110）
（二）中国在部分希腊媒体中的形象 ……………………（114）
（三）表象之下 ……………………………………………（118）
（四）附件 …………………………………………………（127）

六 希腊的华侨华人与中希合作 ………………………………（139）
（一）希腊华侨华人概况 …………………………………（139）
（二）希腊华人华侨现状 …………………………………（142）
（三）希腊华人华侨群体的主要特点 ……………………（145）
（四）希腊华人华侨发展的主要困难和主要机遇 ………（148）

七 政策建议 ………………………………………………………（151）
（一）重视党际交往，提升政治互信 ……………………（151）
（二）发挥好大项目的示范效应 …………………………（151）
（三）以海运合作为突破口，推动贸易提质增效 ………（152）

（四）寻找中国、希腊、欧盟合作的契合点 …………（154）
（五）推动对希腊投资的多元化 ……………………（155）
（六）加强文明对话，推进民心相通，打造命运共
　　　同体 …………………………………………（157）
（七）提升中希智库合作水平 ………………………（158）
（八）做好侨务工作 …………………………………（159）

一 中国和希腊的政治关系[*]

（一）中希政治合作的基本特点

中国与希腊虽相距万里，但友好交往的历史较早，从古代开始两国就有了接触。自1972年建交以来，中希两国友好合作关系稳步发展。2006年，双方缔结了全面战略伙伴关系。2008年，即使受到国际金融危机的影响，双方的合作交流也在多层次、宽领域取得积极进展，高层互访频繁。2014年，双方又发表了深化全面战略伙伴关系的联合声明，2016年，双方提出了强化中希全面战略伙伴关系的联合声明。中国和希腊的政治关系，主要体现在下列几点：

首先，中希双方在政治层面没有利益冲突，在涉及彼此核心利益问题上相互支持、相互合作，保持了良好的政治合作势头并不断升温。

中希两国高层密集互动，强调互尊互信、互利共赢是双边关系的基础，不断创造条件深化和加强中希全面战略伙伴关系。双方注重相互理解，尤其是在事关各自核心利益的问题上坚定支持对方的正当立场，积累起牢固的信任基础，从而为双边关系的全面发展提供了有力保障。双方不存在根本的利害冲突，

---

[*] 作者系中国社会科学院欧洲研究所刘作奎、宋晓敏。

也没有历史遗留问题。希腊奉行一个中国政策，尊重中国根据本国国情选择的发展道路。

2017年6月，希腊否决欧盟拟在联合国人权理事会上提出批评中国人权问题的提案；此后不久，与捷克等国一起反对在欧盟峰会上法国提出的限制中国对欧关键产业投资的提议，为中欧关系的平稳和健康发展作出了贡献。

中国则肯定并支持希腊在维护东南欧、地中海和巴尔干地区稳定、安全和繁荣方面发挥建设性作用。中国认为希腊的和平与稳定对欧洲的和平与稳定至关重要，积极推动希腊走出经济危机并提供必要的帮助。2009年年底，希腊主权债务危机突然爆发，国家陷入动荡，希腊危机也在欧盟内部不断扩散，影响了欧元和欧洲金融市场的稳定。此后，在国际救助下，希腊采取了一系列紧缩政策，导致国内政局不稳。中国政府在希腊处于困难的情况下，积极出手相助。2010年10月中国政府表示，中国使用国家外汇储备购买并持有希腊国债，还将采取积极姿态参与希腊新发行国债的认购；设立"中国希腊船舶发展专项资金"；扩大比雷埃夫斯港吞吐能力；为希腊船东购买中国船舶提供金融支持；扩大进口希腊优势产品等。希腊则对危机期间中国对希腊抱有的信心和实际支持心存感激，认为中国是患难见真情的好伙伴。

其次，民间友好成为政治合作的重要支撑。

据笔者赴希腊所作的调研，希腊民间对华友好，不是一句空话，无论是政府官员、智库还是普通民众，都认为中国和希腊是传统友好伙伴。在2019年中国社会科学院调研团同希腊外交部和经济部官员的交流中，他们表示，中国的发展对希腊是一个巨大的机会，欢迎中国到希腊投资，也欢迎中国"一带一路"项目落地希腊。希腊一位政府官员认为，中希两国文明相通，合作基础深厚，希腊和中国共同发起的"文明古国论坛"也具有象征性意义。希腊某智库也表示，希腊对中国的支持不寻求回报,是真心实意的,希腊没有把帮助中国当作是一种交易。

正如希腊一项调研所总结的(见本报告第五部分),在中希民间层面,两国人民相互交好,不存在敌对情绪。2013年希腊民调显示,83%的希腊人想与中国发展强大的经济关系。希腊民意调查公司"公共焦点"2018年的一项调查结果显示,希腊绝大部分民众对中国和中国人持积极看法,普遍欢迎中国和希腊之间的合作,70%的受访者对中国看法正面。美国皮尤研究中心(Pew Research Center)的一项调查显示,2012—2017年,每10个希腊人中就有5个到6个对中国有好感。虽然不同的调查得出的数据不尽相同,但大多数调查都呈现出一致的结论:希腊人对中国的看法相当积极。2016年7月,由一家名为"公共问题"(Public Issue)的希腊地方机构所开展的调查显示,71%的希腊公民对中国人民持有积极的态度,同他们对中国作为一个国家的好感度大致接近。这一发现得到了希腊另一民意调查机构"卡帕研究"(Kapa Research)的确认,其研究发现,在2005—2016年,中国的受欢迎度在2013年达到60%的峰值。与其他欧盟成员国和美国相比,尽管有所波动,但希腊较为稳定地展示出一种积极的对华态度。因此,与2017年美国皮尤研究中心全球调查的其他所有37个国家相比,希腊是欧盟成员国中对华态度最积极的国家。①

中国民间对希腊同样持友好态度,钦佩希腊具有悠久的历史、灿烂的文化和辉煌的文明,希腊也是大多数中国人非常向往的旅游目的地。中国老百姓对希腊持积极的态度,负面看法

---

① Plamen Donchev, "China's Image in Greece 2008–2018", Institute of International Economic Relations, October, 2018, http://idos.gr/wp-content/uploads/2018/10/China-Image-in-Greece_9-10-2018.pdf.

不多。希腊在关键时刻对中国提供帮助,也提升了希腊在中国民间的好感度。

1997年3月,阿尔巴尼亚陷入无政府状态,希腊军舰和蛙人迅速撤离了250多名中国公民和其他许多外国人。2006年7月,希腊政府派专船将22名中国公民从黎巴嫩撤至塞浦路斯。2011年,在希腊和中国当局的共同努力下,希腊通过船只将13000多名中国公民撤离利比亚,并最终安全返回中国。2015年8月,希腊派遣"萨拉米斯"号护卫舰和另外两艘船只,从利比亚安全疏散了大量外国工人,其中就包括数百名中国和欧洲公民。希腊此举赢得了中国政府和民众的良好印象,加深了双方对彼此的好感。

再次,投资关系对政治关系的拉动效应较为明显。

近年来,中希经贸关系发展顺利,尤其在投资领域,双方合作取得突出进展,大项目投资对双边关系的拉动效应非常明显。希腊政界的共识基本一致,即希腊政府必须打消国际伙伴和外来投资者的疑虑,保证继续推进改革和吸引更多的投资。欧盟统一大市场非常重要,但这并不意味着希腊可以忽视其他全球市场的存在,这是希腊从金融和债务危机中吸取的重要教训之一。希腊航运部部长访问美国时曾指出,"当美国问为什么中国在希腊投资这么多的时候,我要问的是,美国的资金在哪里"?部长也不理会所谓的中国在希腊过度的影响力的问题,表示希腊欢迎包括中国、美国在内的外资进入。[1] 2017年12月,时任希腊总理齐普拉斯在会见时任中国国务院副总理马凯时表示,希腊经济非常渴求投资,中国的存在非常重要并且非常受欢迎。而中国对包括比雷埃夫斯港在内的大项目投资切实提升

---

[1] 盛张铭:《"一带一路"框架下的中希海运合作及双边关系发展》,上海社会科学科学院国际问题研究所,硕士学位论文,2019年6月。

了希腊的经济实力,为当地港口、海洋经济的发展创造了契机,也切切实实为当地老百姓的就业和福利提升创造了条件,成为中希成功合作的典范性投资,对双方政治关系的巩固创造了条件。

最后,在重大倡议和战略上的相互对接、相互契合提升了政治合作水平。

随着2013年中国提出"一带一路"倡议,希腊在东南欧及地中海的关键地理位置使其成为"一带一路"建设的重要国家。当前国家经济发展仍面临诸多困难,希腊希望通过积极主动参与中国的"一带一路"建设,借助中国将希腊作为地中海及欧洲的航运中心的重要机遇,积极谋求发展经济。

中希双方把共建"一带一路"视为两国共同的机遇,大力推进发展战略对接与优势互补,在基础设施、能源、交通、通信等领域的合作取得一系列重大进展。希腊是首个签署"一带一路"合作谅解备忘录的欧洲发达国家。中希合作共建"一带一路"符合双方共同的利益,具有非常远大的发展前景。

在政治合作上,双方在双边、"17+1合作"以及"一带一路"倡议下取得了长足的发展,关系日益紧密,中国和希腊不仅是患难与共、同舟共济的好朋友,也可以成为共同发展、共同振兴的战略伙伴。

(二) 不断夯实的全面战略伙伴关系

2006年1月,时任希腊总理科斯塔斯·卡拉曼利斯访问中国,两国同意将双边政治、经济和文化关系升级为全面战略伙伴关系。其目的在于建设一种稳步发展、互利共赢的合作关系。这份文件奠定了未来十年双方合作的方向,直至2016年双方又丰富了全面战略伙伴关系内涵。在中希建立全面战略伙伴关系的文件中,实际上列举了合作的重点领域和方向并取得积极进展①：

首先，经贸合作是双方的重点。

第一，为进一步推动经济、贸易和投资合作，加强两国企业界的相互了解，双方强调定期召开中希经贸混委会的必要性，并对2005年11月29日在北京召开的第九届经贸混委会取得的成果表示满意。双方同意成立中希经贸合作论坛，每年召开一次会议。

第二，支持两国企业实施共同感兴趣的合作项目，支持中小企业的发展和科技合作，推动在农业特别是橄榄油和柑橘类水果、环境、可再生能源、农产品加工、市政服务及基础设施、电信、汽车、运输、金融等领域开展合作。

第三，鉴于造船和航运在两国经贸关系中发挥着独特的作用，双方决心为两国港务主管部门及其他涉及运输、安全及港口建设等部门间的合作提供便利。双方鼓励两国港口、航运企业开展合作，共同促进两国间的直达海运及经对方港口到邻近国家和地区的海上中转运输。

第四，双方表示愿意相互提供必要的便利，以进一步促进两国旅游业的发展，并表达了开通北京到雅典直达航线的意愿。②

其次，强调在相关重要领域加强政治对话。

第一，在当前国际形势下，中希应该加强合作，促进不同文明的人民之间的相互了解和接近，为世界的和平与发展做出贡献。

第二，双方认为，国际社会应在联合国框架内应对当今时代的威胁和挑战，通过谈判和协商寻求国际争端的政治解决。

---

① 《中华人民共和国和希腊共和国关于建立全面战略伙伴关系的联合声明》，2006年1月19日，中国政府网，http：//www.gov.cn/gongbao/content/2006/content_ 219956. htm。

② 2017年9月30日，中国国际航空公司开通了到希腊的直航。

联合国应进行合理、必要的改革，以提高其应对威胁和挑战的能力。改革应通过民主协商，循序渐进，争取达成广泛一致。

第三，着眼于中欧全面战略伙伴关系和欧盟首脑会议有关结论，希腊重申赞同欧盟解除对华军售禁令。希腊将继续在欧盟内部为推动尽早解禁而努力。

第四，希腊认识到完全市场经济地位对中国具有重要意义，并注意到中国已经是世贸组织成员，在加快完善市场经济体制等方面取得很大进步。希腊支持中国和欧盟开展对话，并将为欧盟尽早承认中国的完全市场经济地位而积极努力。

再次，中希合作具有独特性的领域。

一是奥运合作。

第一，2005年7月11日，双方在北京签署了《中国国家体育总局、文化部、第二十九届奥运会组委会和希腊文化部关于成立中希奥运合作联委会的意向书》，并于2005年12月13日在北京召开了联委会第一次会议。双方将支持联委会开展工作，指导和协调中希两国在奥运领域的形式多样的合作。

第二，2005年11月3日，双方在北京就奥运安全合作签署了《中华人民共和国北京第二十九届奥运会安全保卫协调小组与希腊共和国公共秩序部关于北京2008年奥运会及残奥会安全合作谅解备忘录》，北京奥组委安保协调小组和希腊公共秩序部进行了合作。

二是文化合作与文化遗产保护。

第一，中希两国均拥有丰富的文化遗产，表示愿加强文化交流，促进两国人民间的相互理解与友谊。两国主管部门可以就互设文化中心的前景进行商议。

第二，双方同意，希方将同中方合作于2008年在华举办"希腊文化年"。具体事宜将由两国主管部门协商确定。

此外，双方还鼓励两国地方政府、学术界、研究机构、新闻机构、友好组织、民间机构加强接触和交流，以进一步扩大和增强中希全面战略伙伴关系的社会基础。

这种全面战略伙伴关系产生非常积极的影响，因为它为两国建立了良好的双边关系，并促成了双方在运输、贸易、航运、旅游、文化和造船以及奥运会合作等领域的多项合作。双方在举办奥运会上的合作，正是发生在2004年雅典奥运会和2008年北京奥运会之间。更重要的是，中远集团很快于2009年在比雷埃夫斯港进行了投资。

缔结全面战略伙伴关系后，中希政治交往日益频繁。2008年6月，时任希腊共和国总统卡罗洛斯·帕普利亚斯对中国进行为期五天的正式访问，旨在进一步扩大双边关系，特别是在商业和投资领域。2008年11月，时任中国国家主席胡锦涛对希腊进行了为期三天的访问。2010年10月，时任中国国务院总理温家宝访问希腊，这是过去24年来首位访问希腊的中国总理，标志着希腊与中国在各个领域合作的扩大。时任希腊总理安东尼斯·萨马拉斯（2013年5月）也对中国进行了正式访问，并发表了一份深化双边关系的声明。此次访问之后，中国最高领导人随后回访了希腊。2014年，习近平主席和李克强总理分别在一个月内两次访问希腊，和希腊签署了超过48亿美元的商业和其他领域的合作协议。

2016年7月，时任希腊总理亚历克西斯·齐普拉斯访问中国，并签署了关于加强全面战略伙伴关系的联合声明[①]，巩固了原有合作基础，并开辟了新的合作空间。十年来，中国和希腊两国在国内和国际很多重大问题上相互理解、相互支持。

在新的强化版的中希全面战略伙伴关系声明中，政治合作是比较具有代表性的领域，主要包括：

---

① 《中华人民共和国和希腊共和国关于加强全面战略伙伴关系的联合声明》，2016年7月5日，外交部网站，https://www.fmprc.gov.cn/web/zyxw/t1377692.shtml。

第一，双方坚持，在包括《联合国海洋法公约》在内的国际法基础上维护海洋秩序，以及其中规定的航行和飞越自由。维护这一秩序与地区稳定符合两国利益。双方支持有关国家致力于根据国际法、地区和双边协议和平解决领土争议和海洋权益问题，欢迎有利于缓和紧张局势所建立的信任措施。

第二，希方坚持一个中国原则，对中国经济社会发展和参与联合国维和行动表示欢迎。中方肯定希方在维护东南欧、地中海和巴尔干地区稳定、安全和繁荣方面发挥的建设性作用。

第三，中方赞赏希方在遭受长期经济危机影响的情况下，为应对难民问题作出积极建设性努力和贡献。

经贸合作仍是双方合作的主要领域，主要包括：

第一，双方认为有必要密切双边经贸领域合作，努力平衡贸易逆差并鼓励相互投资。中方鼓励中国企业进口更多优质标准化的希腊产品，尤其是农产品、食品、葡萄酒、奢侈品以及海事用品等。双方确认中希经贸混委会将在北京和雅典定期轮流举行，对双边经济合作进程进行规划和监督。

第二，在共建"一带一路"的背景下，中欧互联互通平台为双方在海陆运输、港口和服务领域的发展提供了新的重要机遇，这不仅使区域基础设施得以升级，还将为全球贸易作出贡献。"2015 中希海洋合作年"为双方在海洋及海运领域的现有实质合作提供了助力，并明确了双方不断拓展海洋科研、生态环保、蓝色经济等多领域合作的良好前景。

第三，双方确认中国远洋海运集团在比雷埃夫斯港的投资是成功的、互利共赢的。双方鼓励两国企业在基础设施和运输服务升级、铁路网络现代化和建立安全便捷的进出欧洲的货物转运服务、船舶维修等领域加强合作。

文化合作也渐成亮点，成为交流合作最具潜力的领域之一。作为人类历史和文化最重要的古老文明的摇篮，两国表达了在现有文化合作基础上，继续探索新的合作领域的愿望，以最具建设性和最富有成果的方式增进相互理解和促进人员往来。双方同意加强在文化遗产、考古、科研、教育交流等领域的合作，特别关注高等教育机构合作。双方同意开展影视制作合作，并认为其具有重要意义。

在强化全面战略合作伙伴的基础上，双方的政治交往再上新台阶。2017年5月，齐普拉斯在相隔10个月后再次访问中国，并出席第一届"一带一路"国际合作高峰论坛。2018年8月27日，两国外交部长在北京签署了"一带一路"谅解备忘录；2019年4月，齐普拉斯出席了在北京召开的第二届"一带一路"论坛；2019年5月，帕夫洛普洛斯总统访问北京，参加亚洲文明对话大会（希腊是唯一受邀的欧洲国家）。这些事件标志了两国政治合作的不断深入。

（三）助力"17+1合作"

2019年4月，第八次中国—中东欧国家领导人会晤在克罗地亚杜布罗夫尼克召开，会议的成果之一是希腊作为新成员国正式加入"中国—中东欧国家合作"框架。由此，中国—中东欧国家合作在推进7年之后，由"16+1合作"变为"17+1合作"。希腊自2015年开始，作为观察员国参加了历届中国与中东欧国家领导人会晤，成为"16+1合作"的积极支持者。希腊多名政要在多个场合提出希望成为"16+1合作"框架的一部分。希腊是欧盟成员国、欧元区国家，身份较为特殊，希腊的加入，可以推动"16+1合作"进一步服务中欧关系，密切中欧合作。

在"一带一路"倡议和"16+1合作"框架下推出的重要旗舰项目——中欧陆海快线中，希腊扮演枢纽角色，是推动"16+1合作"的引擎之一。"16+1合作"正式纳入希腊，做大了合作蛋糕，放大现有合作要素，使中国和中东欧国家务实合作进一步丰富。

在"16+1合作"框架中,巴尔干半岛国家是最为活跃的板块,希腊的正式加入,推动了这一板块的合作进一步升温。希腊不仅在地理上属于巴尔干地区,而且在巴尔干国家拥有较大的利益和影响。长期以来,在金融、投资和人文等领域,希腊在巴尔干的影响力较大,两者的依存度较高。在金融领域,希腊金融机构遍布巴尔干国家,其金融机构在保加利亚整个银行系统资产占到22%、在北马其顿是20%、阿尔巴尼亚是16%、塞尔维亚是14%、罗马尼亚是12%。[1] 希腊也是巴尔干地区的重要投资者,在罗马尼亚、保加利亚、北马其顿、阿尔巴尼亚等均有重要投资项目。希腊和巴尔干国家人员交流密切,在希腊工作的巴尔干移民近100万人,是希腊最大的外来移民群体,希腊三分之二的移民来自阿尔巴尼亚;保加利亚和罗马尼亚在希腊移民也达到10万人左右。希腊和巴尔干一直保持较好的合作关系,希腊也一直高度关注巴尔干国家发展,积极推动巴尔干国家入盟。2018年6月,马其顿与希腊两国政府达成协议,马其顿更名为"北马其顿共和国"。在推动解决马其顿国名问题后,希腊的影响力大幅度提升,进一步成为巴尔干国家中可以信任和依赖的伙伴。

近年来,随着中国在巴尔干地区的基建、能源等领域投资日益增多,希腊也想积极参与中国和巴尔干国家合作进程。受希腊19世纪思想家里加斯·菲拉欧斯(Rigas Feraios)观点的影响,希腊政府强调通过文化认同和思想开明促进地区一体化,尤其是巴尔干地区一体化。希腊不仅很早就加入欧盟和欧元区,而且还积极推动巴尔干国家加入欧盟,并希望以此应对土耳其对爱琴海和地中海的安全威胁。

希腊是文明古国,也是海上运输和海洋文明强国。希腊加

---

[1] Economist Intelligence Unit, Country Report, Greece, 2017.

入"16+1合作"后,至少在文明交流互鉴以及海上丝绸之路建设上提供了新的动力和支撑。在文明交流互鉴上,中希两国之间能找到更多的合作语言,双方不但联合发起了"文明古国论坛",而且在推动文明合作对话上有更多的共识。正如希腊总统帕夫洛普洛斯在2019年5月参加亚洲文明对话大会期间所表示的,鼓吹所谓"文明冲突论"是巨大的错误。真正的文明以人为本,并且尊重多样性,每个文明都是平等的,都是独一无二的,都有自己的特征。在海上丝绸之路建设上,希腊海事运输发达,海洋文明底蕴深厚,比雷埃夫斯港是中欧海上运输的枢纽港。这些合作因素确保了希腊成为推动中国—中东欧国家合作的新支撑力量。

希腊较早加入欧盟和欧元区,是欧盟老成员国,在欧盟内部具有重要地位和作用。希腊加入中国和中东欧国家合作,有助于推动中欧之间更深入的合作。希腊是欧盟内部友华力量,在坚持多边主义,推动务实合作,尊重文明多样性和发展道路多样性上,希腊可以助推中欧形成更深入的了解和更深层的战略共识。在过去几年中,中国对希腊应对债务危机表达了坚定支持,真正做到言行一致,支持希腊实际上也是在支持欧盟、支持欧洲一体化和中欧合作。

(四)中希在"一带一路"上的合作

2018年8月,时任希腊外交部长科齐亚斯在北京进行正式访问期间,两国外交部长签署了"一带一路"谅解备忘录,为中希双边关系发展进一步夯实基础。该协议具有重要的经济意义,涉及的领域包括文化创意产业、教育、卫生、科技、体育、智库和媒体合作,以及青年和地方政府的交流等。

作为最早对"一带一路"倡议表示支持的南欧国家,希腊的政府高层一再强调愿作中国"一带一路"进入欧洲的重要窗口。2014年6月,时任希腊总理萨马拉斯在与李克强总理的会谈中明确表示,支持并积极参与中方提出的"21世纪海上丝绸之路"建设,与中方合作建设好比雷埃夫斯港,搭建东西方交流合作的桥梁。而中国国家领导人对于希腊的地缘位置以及希腊在中欧关系中的作用十分看重;加上中国中远集团在希腊最大港口比雷埃夫斯港的成功运营,使"一带一路"在欧洲的通道上拥有了重要支点。可以说,"一带一路"倡议的提出为中希关系的发展注入了新的动力。

从历史理念溯源,中国与希腊的合作十分契合"一带一路"倡议的精神;从现实实践来检视,中希合作拥有坚实的基础,可打造为"一带一路"的合作典范。

首先,就文明交流的意义而言,中希合作彰显了丝绸之路建设的文明交流与文化融合的高度。在人类历史上,古代丝绸之路是亚欧大陆东西方文明相互交流的纽带和网络,其历史意义和价值不言自明。中希两大东西方文明古国的紧密合作,契合21世纪海上丝绸之路所蕴含的"重新焕发古代丝绸之路文明交流"精神的意义,也展现了塑造亚欧大陆作为文明的、现代化的、通畅便捷的和友好的交流空间的责任担当。[①] 对于两大文明古国在"丝绸之路"规划下进行合作的重要意义,希腊政府具有高度的认同。希腊前驻华大使科斯蒂斯在"中希合作成就'丝路'全球化愿景"一文中指出:"2013年中国提出"一带一路"倡议,在新丝绸之路规划中希腊的关联性与重要性源自其重要的地理位置和地缘政治,经济需求和发展志向以及与丝绸之路概念密切相关的文化联系。"[②] 2014年,习近平主席过境希

[①] 邢广程:《理解中国现代丝绸之路战略》,载张蕴岭、袁正清主编《"一带一路"与中国发展战略》,社会科学文献出版社2017年版,第4—5页。

[②] [希腊]里奥斯·科斯蒂斯:《中希合作成就"丝路"全球化愿景》,《中国投资》2015年第4期。

腊时提出："中国和希腊是两大文明古国，都创造了对人类文明影响深远的独特文明"，"中国愿意同希腊深化互利合作、加强交流互鉴"，外交部长王毅将中希关系誉为"不同文明互学互鉴的典范"。①

其次，从经济发展与安全的角度来看，"一带一路"倡议下的中希合作具有战略重要性。

海路是中国对外经济交往的主要通道。目前，中国90%以上的货物进出口，包括大部分的资源、能源进口等主要通过海路进行。② 因此，为保障中国经济发展所需的资源和能源以及外贸的增长，海上通道的通畅、安全必不可少。而与希腊进行紧密的合作是实现"一带一路"海上安全目标不可或缺的一环。

希腊具有独特的区位优势，地理位置十分重要，是中国通往欧洲的重要门户。它位于欧洲巴尔干半岛最南端，处于连接亚、欧、非三大洲的十字路口。其东北部拥有地中海最大的中转港——比雷埃夫斯港。"比雷埃夫斯"，希腊语意为"扼守通道之地"，是最接近国际航运要道苏伊士运河的欧洲大港，被称为"欧洲的南大门"。约80%以上的中国货物经海运抵达欧洲，而通过比港的航线是中国到欧洲最短的海运航线。

---

① 《习近平启程开始拉美之行 过境希腊受到热烈欢迎》，2014年7月14日，中国网，http://china.cnr.cn/news/201407/t20140714_515839043.shtml；习近平：《从延续民族文化血脉中开拓前进 推进各种文明交流交融互学互鉴》，2014年9月24日，新华网，http://news.xinhuanet.com/politics/2014-09/24/c_1112608581.htm；王毅：《中希关系是不同文明互学互鉴的典范》，2017年4月23日，外交部网站，http://www.fmprc.gov.cn/ce/cebe/chn/zgwj/t1455918.htm。

② 马鑫：《南海：通道安全是重中之重》，2015年6月23日，网易财经，http://money.163.com/15/0623/03/ASP0I4PU00253B0H.html#from=relevant#xwwzy_35_bottomnewskwd。

自李克强总理2014年12月提出打造"中欧陆海快线"①后，比港在"一带一路"建设中的战略地位进一步提升。中欧陆海快线目前已开始运营，运力不断提升，助力"21世纪海上丝绸之路"与"丝绸之路经济带"实现有效对接，而快线的南端起点比港就成为海铁联运的交汇点。也就是说，不论是在海上还是陆上，比港均可成为"一带"和"一路"进入欧洲的第一站，希腊作为中国货物和服务进出欧洲的门户，名副其实。

希腊具有巨大的的航运优势，它是世界船舶运力第一大国，中国一半以上的进口原油和其他进口原材料都是通过希腊货船运输的。此外，中国已成为世界船舶制造第一大国，也是希腊船东最主要的造船基地。双方在海运和船务上的合作极为密切。随着世界经济重心向亚太转移，以及新苏伊士运河的开通（2015年8月），地中海的航运价值随之飙升，"新一代地中海中心"已然成型，南欧地区包括希腊的港口优势显著上升。

中国中远集团在比港的成功运营，为"一带一路"的建设奠定坚实的基础。早在"一带一路"倡议提出之前，中远海运为响应"走出去"战略，于2008年和希腊政府签署了为期35年的比港特许经营权协议，并于2010年正式接管比港二号、三号集装箱码头，由此创下了中远史上的两个第一：中远在欧洲投资中的全资控股的第一例；在海外运营的第一例。② 而且，仅

---

① 这条快线南起希腊比雷埃夫斯港，经北马其顿斯科普里和塞尔维亚的贝尔格莱德，向北到达匈牙利布达佩斯。将为中国对欧洲出口和欧洲商品输华开辟一条新的便捷航线，从中国通往欧洲海运的货物将缩短至少7—11天的运输时间。传统的航线要经过马六甲海峡、孟加拉湾，穿过印度洋，绕过好望角，纵向穿越整个南大西洋，路经西非海岸，最终到达欧洲腹地。

② 袁雪：《一桩好生意之外：中国对希腊的政府援助》，《21世纪经济报道》，2011年10月10日第018版。

用了 2 年就弥补了之前的全部亏损。① 希腊的比雷埃夫斯港集装箱吞吐量全球排名从并购时的第 93 位跃升至第 36 位，成为全球发展最快的集装箱港口之一，也成为地中海地区最大的集装箱港口。

2014 年 6 月，萨马拉斯在李克强总理考察比港集装箱码头时表示，比港是希中务实合作的成功典范。中国对希投资不仅增加了希腊民众的就业岗位和收入，而且促进了希腊的经济发展，也提升了希腊在欧洲乃至世界上的地位。中远对比港的投资和经营，堪称"一带一路"极富战略性的举措。

---

① 《中国接管后 希腊比雷埃夫斯港集装箱吞吐量全球排名跃升 57 位》，2018 年 9 月 24 日，观察者网，https：//baijiahao. baidu. com/s？id＝1612474182195690 411&wfr＝spider&for＝pc。

二 中国和希腊经贸关系[*]

2007—2017年中国对希腊的货物贸易稳步增长,贸易总额年均增速为4.2%,远高于这一期间希腊年均1.3%的对外贸易负增长,但低于中国同期年均6.37%的对外贸易增速,其中,中国对希腊出口增长3.79%,主要出口商品为机械器具(26.97%)、电机电气设备(14.92%)、玩具运动用品(5.86%)、家具灯具(5.23%)、鞋靴(3.87%)、塑料制品(3.57%)和服装(3.33%);希腊对中国出口增长13.43%,主要出口商品为石料(47.43%)、矿物燃料(23.79%)、纸浆纸板(5%)、电机电气设备(2.47%)、铜制品(2.36%)和棉花(2%)。从上述中希两国贸易总额排名前五的大类产品可以发现,只有电机电气设备是相同的。这说明,中希两国之间的贸易以产业间贸易为主。

本部分将利用国际贸易关系研究中最基本也是最重要的实证研究方法,从以下四个方面:贸易增长与边际、贸易商品结构与平衡、贸易竞争与互补、产业内贸易与分工,对2007—2017年间的中希货物关系进行比较系统的梳理,以期考察中希双边货物贸易相关情况和特点,为简化研究同时突出当前贸易关系,大部分研究把2007—2017年分为2007—2013年、2013—

---

[*] 作者系上海对外经贸大学国际经贸学院副教授张琳;上海对外经贸大学"一带一路"国家经贸关系与合作高等研究院教授尚宇红。

2017年两个子期间，时间从2007年开始即考察2007年国际经济危机以来11年的情况，截至2017年是因数据的可得性。

（一）贸易增长

1. 双边贸易与市场份额

从表2-1大致可以看出2007—2017年中国与希腊货物贸易的发展状况。具体而言，中国对希腊货物贸易呈现缓慢增长，而希腊对中国的货物贸易在债务危机前呈高速增长的特点。2007—2017年，中国对希腊的出口保持了平均3.79%的增长速度；2007—2013年，出口陷入负增长，出口年均下降0.3%，但2013—2017年，伴随希腊国内需求的复苏，出口增速达到10.22%。同期，中国从希腊进口年均增长13.4%。近年来，中国对希腊出口的增速持续上升，且中国产品在希腊的市场份额比较稳定，2017年占比为5.55%。与此相对，2007—2013年希腊对中国出口的平均增长率高达24.20%，远远高于同期中国对希腊出口的平均增速，随后，伴随中国经济增速放缓，希腊对中国出口出现小幅下降。总体来看，希腊产品占中国市场份额相对较少。

表2-1 2007—2017年中希双边货物贸易年均增长率与市场份额（%）

时期	中国出口希腊		希腊出口中国	
	年均增长率	市场份额	年均增长率	市场份额
2007—2017	3.79	5.55（2017）	13.43	0.02（2017）
2007—2013	-0.30	4.77（2013）	24.20	0.02（2013）
2013—2017	10.22	5.03（2007）	-0.99	0.02（2007）

注：市场份额用进口数据表示，即中国出口产品在希腊的市场份额为：希腊进口中国产品总额与同期希腊进口世界总额之比。

对贸易规模及市场份额变化趋势的进一步分析发现，中国出口希腊新品种增长率先下降后上升至1.94%，按照 HS 2002 六位编码统计，2007年中国出口希腊新增产品358类，总金额达2666万美元，但2017年仅有247类新产品出口，而希腊出口中国的新品种增长率曾高达5.76%（如表2-2所示），但呈现下降趋势，这一方面可归因于双边贸易规模的不断扩大，另一方面则是由于希腊产业结构的单一造成的。

表2-2　　2007—2017年中希双边货物贸易新品种增长率（%）

时期	中国出口希腊	希腊出口中国
2007	1.22	5.76
2013	0.27	2.14
2017	1.94	0.92

2. 双边贸易增长的二元边际

根据企业异质性贸易模型，学者们将贸易增长细分为广度边际（extensive margin）和深度边际（intensive margin），但实证研究根据研究角度的不同赋予广度和深度不同的内涵。从产品的角度看，广度边际代表贸易商品的种类，深度则代表商品的价值量；广度增加代表了出口了更多种类的商品，深度增加代表原来出口的商品出口了更多的价值量。从国家的角度看，广度代表参与贸易的国家的数目，深度代表国家的贸易量；广度增加意味着更多的国家参与了国际贸易，深度增加意味着原有的国家发生了更多的贸易量。从世界整体看，广度增加意味着双边贸易关系的增加，深度增加意味着原有的双边贸易伙伴贸易量的增加①。如果一国出口增长主要来源于深度边际，那极易遭

---

①　施炳展：《中国出口增长的三元边际》，《经济学（季刊）》2010年第4期。

受外部冲击从而导致增长大幅波动并进一步引发较高的收入不稳定，同时还可能因为出口数量扩张而导致该国贸易条件恶化从而出现贫困化增长现象；但如果一国出口增长主要源于广度边际，那么将会增加贸易品的范围而不只是贸易量，不仅有利于出口国提升多元化的生产结构，也使逆向贸易条件效应不太可能发生[①]。这里参照施炳展（2010）采用产品广度指标，如式（1）所示：

$$EM_{jm} = \frac{\sum_{i \in I_{jm}} M_{rmi}}{\sum_{i \in I_{rm}} M_{rmi}} \tag{1}$$

考虑中国与世界平均水平相比，I_{rm}、I_{jm} 分别表示世界和中国向进口国 m 出口商品的集合，因此参考整个世界，广度边际表示 j 国（中国）与世界出口到 m 国（希腊）重叠商品贸易量占世界（r）总贸易量的比重，这一指标越大，说明重合程度越高，从而说明 j 国在更多的商品上实现了出口，从而产品广度越大。

产品的深度边际如式（2）所示：

$$IM_{jm} = \frac{\sum_{i \in I_{jm}} M_{jmi}}{\sum_{i \in I_{jm}} M_{rmi}} \tag{2}$$

分子表示 j 国的贸易出口量，分母表示世界与 j 国重合商品的出口量，产品深度表示在重合商品出口量中，j 国出口占世界总出口的比重，这一指标越大，说明在相同的商品上 j 国实现了更多的出口，从而产品深度越大。

采用 HS 2002 版六位码分类标准，可得 2007—2017 年中希双边货物贸易的增长情况及贸易增长模式，结果如表 2-3 所

[①] 钱学锋、熊平：《中国出口增长的二元边际及其因素决定》，《经济研究》2010 年第 1 期。

示。中国对希腊出口广度呈现先下降后上升的特点，从 2007 年的 0.616 到 2013 年的 0.5282，再到 2017 年的 0.6243，总体增加了 13.47%；中国对希腊出口的深度先增加后有所回落，从 2007 年的 0.0817 增加到 2013 年的 0.0902，再到 2017 年的 0.0889，总体增加了 8.81%，可见中国贸易增长主要是广度增长的贡献。与此相对，希腊对中国出口广度和深度总体呈下降趋势，与 2007 年相比，2017 年广度边际下降了 4.17%，深度边际更是大幅下降 76.36%，可见，后危机时期希腊对中国出口减速主要源自于深度边际的下降。

表 2-3　　　　2007—2017 年中希双边货物贸易的二元边际

时期	中国出口希腊			希腊出口中国		
	广度边际	深度边际	品种数	广度边际	深度边际	品种数
2007	0.6160	0.0817	2524	0.1871	0.0055	319
2013	0.5282	0.0902	2809	0.1611	0.0131	348
2017	0.6243	0.0889	3001	0.1793	0.0013	576

3. 双边贸易与"17+1 合作"

2012—2017 年，中国—中东欧国家经贸合作稳中求进，期间虽有波折，但是克服了欧洲市场的紧缩政策和中国经济下行的压力，贸易保持平稳增长，2010—2017 年中国—中东欧国家贸易额增长了 51.7%。2017 年中国与中东欧国家的贸易额情况相对较好，中国在中东欧地区的贸易伙伴黑山、保加利亚、立陶宛、塞尔维亚、斯洛文尼亚、波兰、希腊、匈牙利、克罗地亚等国的贸易额增长率明显，虽然也有一些中东欧国家，如阿尔巴尼亚、斯洛伐克和北马其顿从中方的进口出现了下降，但是这些中东欧国家对华出口却呈现快速上涨趋势，中东欧 17 国对华贸易整体上保持增长（见表 2-4）。

表2-4　　2017年中国与中东欧十七国贸易额统计表　（单位：亿美元）

国家（地区）	出口额	进口额	进出口额	累计比前年同期（+/-）% 出口	累计比前年同期（+/-）% 进口	累计比前年同期（+/-）% 进出口
阿尔巴尼亚	4.54	1.96	6.50	-10.4	52.6	2.4
波斯尼亚和黑塞哥维那	0.79	0.57	1.36	23.1	31.5	26.5
保加利亚	11.69	9.69	21.38	10.8	64.2	29.9
克罗地亚	11.60	1.83	13.43	14.1	13.4	14.0
捷克	87.93	36.96	124.89	9.1	25.2	13.4
爱沙尼亚	10.06	2.60	12.67	4.4	22.9	7.8
希腊	47.5	4.3	51.8	13.1	51.9	15.5
匈牙利	60.49	40.77	101.27	11.6	17.7	13.9
拉脱维亚	11.48	1.77	13.25	8.1	34.1	11.0
立陶宛	16.00	2.55	18.55	24.0	55.6	27.5
黑山	1.32	0.66	1.99	22.3	103.8	41.1
波兰	178.73	33.54	212.27	18.4	32.1	20.4
罗马尼亚	37.78	18.24	56.02	9.6	25.4	14.3
塞尔维亚	5.46	2.12	7.57	26.4	30.0	27.4
斯洛伐克	27.29	25.85	53.14	-4.6	7.3	0.8
斯洛文尼亚	28.87	4.95	33.82	27.2	13.4	25.0
北马其顿	0.78	0.87	1.65	-13.3	85.6	20.5

注：以上数据笔者依据 UN Comtrade 数据库数据整理计算，其中，中国为数据报告方。

2017年中国与中东欧17国进出口贸易总额达731.6亿美元，较上年增长15.8%，相比"17+1合作"框架建立前的2012年，贸易额增长超过30%。中国与中东欧17国双边贸易全部保持了较好增长势头，双方贸易结构不断优化，贸易领域不断拓展。希腊是中国在中东欧地区第六大贸易伙伴，2017年中希贸易额为51.8亿美元，增长15.5%。中国对希腊出口占中国—中东欧国家出口的比重持续下降，由2009年的11.6%下降至2017年的8.76%，同期中国从希腊进口占比变化不大，2017年中国进口希腊产品仅占从中东欧17国进口产品的2.3%，与2009年相比，下降一个百分点。总体而言，中希贸易总额受进出口放缓的影响，占比下降至7.1%（参见图2-1）。

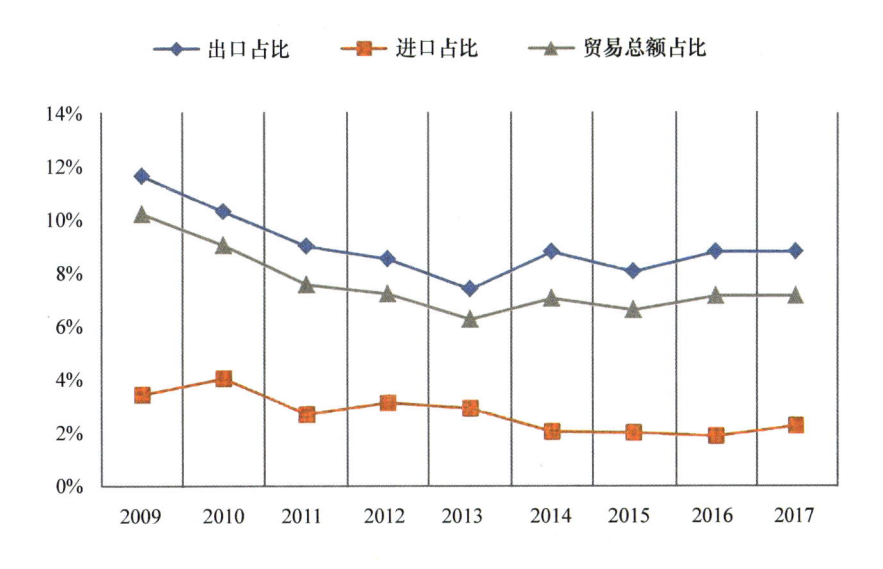

图2-1 中希贸易在"17+1"贸易合作中的地位

（二）双边贸易结构

1. 双边贸易结构

按照不同的划分标准，我们将从三个方面考察中希货物贸易的商品结构，2007—2017年中国与希腊货物贸易的商品结构及其变化如表2-5所示：

表2-5　　　　　2007—2017年中希双边货物贸易结构（%）

			2007	2013	2017
中国出口希腊	要素结构	资源密集型产品	2.79	6.14	3.24
		劳动密集型产品	53.88	47.73	55.99
		资本密集型产品	43.33	46.13	40.76
	技术结构	LT	50.24	48.48	50.01
		MT	31.30	31.10	19.64
		HT	12.23	15.03	23.37
	经济用途结构	消费品	35.17	37.08	40.08
		中间产品	37.26	30.52	30.26
		资本品	26.58	28.68	26.55
		广泛用途类产品	1.00	3.71	3.11
希腊出口中国	要素结构	资源密集型产品	64.82	79.21	85.47
		劳动密集型产品	9.85	9.05	4.31
		资本密集型产品	25.32	11.75	10.22
	技术结构	LT	69.91	87.29	89.17
		MT	6.94	3.13	5.45
		HT	4.50	1.35	1.07
	经济用途结构	消费品	6.46	5.41	4.74
		中间产品	70.28	58.89	54.12
		资本品	5.47	1.17	1.09
		广泛用途类产品	17.79	34.53	40.05

注：每种分类均有一小部分未作说明的产品，故每种分类中的各类产品占比之和并不等于1。

第一，按照《国际贸易标准分类》第3次修订版（SITC. Rev3）将商品分为10类[1]。其中，第0—4类属于初级产品，可

---

[1] 第0类为食品和活动物，第1类为饮料及烟草，第2类为非食用原料（不包括燃料），第3类为矿物燃料、润滑油及有关原料，第4类为动植物油、脂和蜡，第5类为未另列明的化学品和有关产品，第6类为主要按原料分类的制成品，第7类为机械及运输设备，第8类为杂项制品，第9类为SITC未分类的其他商品。

视为资源密集型产品；第5—9类属于工业制品（第6、第8类大多为劳动密集型产品，第5、第7、第9类大多为资本和技术密集型产品）①。2007—2017年，中国出口以劳动和资本密集型产品为主，二者占比超过90%，与2007年相比，2017年中国出口希腊的劳动密集型产品所占比重小幅上升至56%，而资本密集型产品则下降近三个百分点。与此同时，2007年希腊出口品中资源密集型产品占有绝对优势，比重超过60%，且同期该类产品占比逐年上升，与初期相比，2017年该类产品占出口比重上升超过20个百分点。同期，劳动和资源密集型产品所占比重则分别下降至4.31%和10.22%。

第二，参考Lall（2000）分类方法，在国际贸易标准分类（SITC）三位代码分类的基础上把出口产品分为低科技含量、中等科技含量和高科技含量三大类②。其中，低科技含量产品指技术成熟，生产过程中多使用低技能劳动力，规模报酬不明显，行业进入壁垒较低，主要进行价格竞争的产品，包括纺织、服装、鞋帽等③；中等科技含量产品指技术较为复杂，规模报酬明显，需要一定研发投入和高技能劳动力的产品，包括化学品、工程机械、汽车、钢铁等产品；高科技含量产品

---

① 杜莉、谢皓：《中美货物贸易互补性强弱及性质的动态变化研究》，《世界经济研究》2011年第4期。

② 各类产品对应的SITC三级代码（本报告均采用SITC 3的分类标准）分别为：低科技含量产品（除中等、高等科技含量之外的产品）；中等科技含量产品（266，267，512，513，533，553，554，562，572，582—585，591，598，653，671，672，678，711，713，714，721—728，736，737，741—745，749，762，763，772，773，775，781—786，791，793，812，872，873，882，884，885，951）；高科技含量产品（524，541，712，716，718，751，752，759，761，764，771，774，776，778，792，871，874，881）。

③ 为简便分析，将Lall（2000）中的初级产品（Primary Products）和资源型（Resource Based）产品均划入低科技含量产品类别。

技术更新快，研发投入强度高，更强调产品的设计和具备高精尖技术的人才，以及产学研合作进行技术创新，包括医药、航空、电子、电器设备、精密仪器等。2007—2017年中国对希腊出口的低科技含量、中等科技含量和高科技含量产品的贸易额比例约为5:2:2，而希腊出口比例约为90:6:1，尽管中国和希腊均以出口低技术含量产品为主，但中国高技术含量产品出口占比在考察期内翻了一番，而希腊出口则更集中在低技术含量产品上。

第三，按照广泛经济类别分类第四次修订版（BEC. Rev4）将全部贸易商品分为7大类：食品和饮料、工业供应品、染料和润滑油、资本货物（运输设备除外）及其零附件、运输设备及其零附件、其他消费品、未列明货品①。7大类商品又细分为19个基本类，按照最终用途汇总为资本品、中间产品和消费品三个门类②。2007—2017年，中国对希腊出口以消费品和中间产品为主，二者占比之和超过70%，但呈现相反的变化趋势。其中，消费品出口所占比重上升至40.1%，而中间品占比则下降7个百分点。2007年，希腊对中国出口的中间产品占比超过70%，考察期内，该产品占比降幅超过16%，主要归因于初级及加工工业设备和运输设备零配件（parts and accessories）出口的下降。同期，广泛用途类产品占比骤升至40%，其增长主要来自发动机燃料（Motor spirit），2017年该类产品出口额达到1.29亿美元。

---

① United Nations: Classification by Broad Economic Categories, Statistical Paper Series M No. 53, Rev. 4, 2002.

② 各类产品对应的BEC代码（此处采用BEC 4的分类标准）分别为：消费品（112, 122, 522, 61, 62, 63）；中间产品（111, 121, 21, 22, 31, 322, 42, 53）；资本品（41, 521）；广泛用途类产品（321, 51, 7）。

总体来看，无论是按照要素结构，还是按照技术结构或经济用途划分，中国与希腊的双边货物贸易呈现出较为明显的资源禀赋特征，中国对希腊出口的商品以劳动力和资本密集型商品为主，而希腊对中国的出口则以资源密集型、低技术含量和中间产品为主。

2. 贸易失衡与失衡来源

除 2009 年金融危机和 2013 年前后债务危机集中爆发期间外，2007—2017 年中希贸易顺差呈上升趋势，2007 年中国对希腊货物出口总额 32.8 亿美元，同时，从希腊进口 1.7 亿美元，实现出口顺差 31.1 亿美元。2017 年，中希双边贸易顺差进一步扩大到 43.2 亿美元，尽管顺差的绝对值上升，从贸易顺差变化率来看，顺差增长已放缓（参见图 2-2）。特别是 2019 年 4 月希腊正式加入中国—中东欧合作机制，"17+1 合作"不断深入，中希贸易失衡问题有望进一步缓解。

具体而言，按照要素结构划分，顺差全部来自于劳动密集型产品和资本密集型产品，而资源密集型产品则保持逆差；按

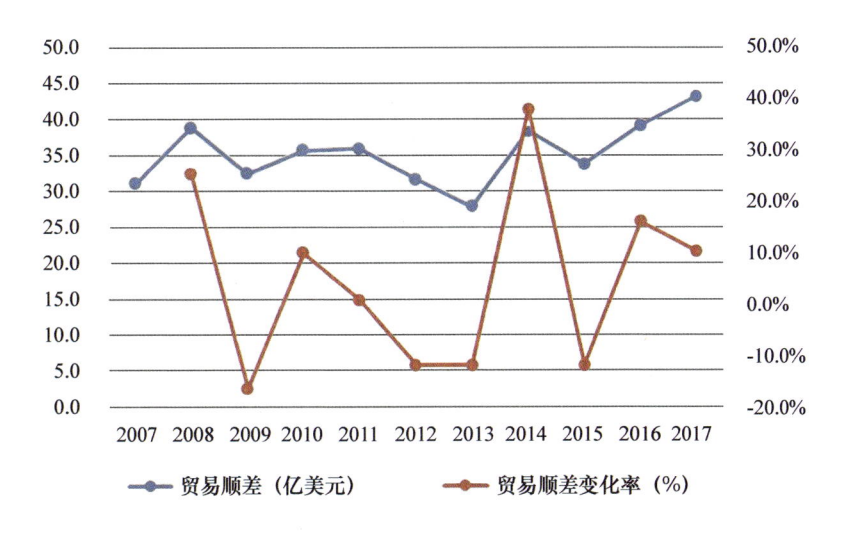

图 2-2 中希贸易顺差变化趋势

照技术结构划分，中等技术含量产品所占比重呈现下降趋势，而高技术含量产品则逐年增加，2017年超过25%的顺差来自于高技术含量产品；按照经济用途划分，贸易顺差中消费品和中间产品占比变化趋势相反，导致二者比重差距扩大，消费品所占比重由2007年的36.6%上升到2017年的40.8%，而中间品所占比重则由2007年的34.6%下降到2017年的27.2%，同期，资本品占比变化不大。综合来看，中希贸易顺差的主要构成是具有较高附加值的劳动与资本密集型的中间产品，以及具有较低技术含量的消费品（鞋靴、玩具、服装及运动用品等）。

表2-6　2007—2017年中国对希腊货物贸易失衡的构成（%）

			2007	2013	2017
贸易失衡度（出口额−进口额）（亿美元）			31.06	27.86	43.21
贸易顺差的构成	要素结构	资源密集型产品	−0.70	−5.59	−2.39
		劳动密集型产品	55.62	53.56	61.14
		资本密集型产品	45.08	52.03	41.25
	技术结构	LT	48.67	42.13	48.78
		MT	32.60	35.11	20.78
		HT	12.80	17.32	25.61
	经济用途结构	消费品	36.62	41.37	40.84
		中间产品	34.62	21.50	27.17
		资本品	27.80	33.04	28.95
		广泛用途类产品	0.95	4.08	2.73

3. 主要贸易品的分布

事实上，根据HS 2位编码分类下的中希双边贸易详细目录，以2017年为例，可以发现，中国向希腊出口的92种产品中前十大类产品主要为核反应堆、锅炉、机器、机械器具及其零件，电机、电气设备及其零件；录音机及放声机、电视图像、声音的录制和重放设备及其零件、附件，鞋靴、护腿及其零件；针织或钩编的服装及衣着附件；家具；寝具、褥垫、弹簧床垫、软坐垫及类似的填充制品；未列名灯具及照明装置；发光标志、发光铭牌及类似品；活动房屋；非针织或非钩编的服装及衣着附件；玩具、游戏品、运动用品及其零附件；塑料及其制品；钢铁制品；船舶及浮动结构体。而中国从希腊进口的82种产品中前十大类产品主要是盐；硫磺；泥土及石料；石膏料、石灰及水泥，矿物燃料、矿物油及其蒸馏产品；沥青物质；矿物蜡，木浆及其他纤维状纤维素浆；纸及纸板的废碎品，电机、电气设备及其零件；录音机及放声机、电视图像、声音的录制和重放设备及其零件、附件，铜及其制品，棉花，核反应堆、锅炉、机器、机械器具及其零件，鞣料浸膏及染料浸膏；鞣酸及其衍生物；染料、颜料及其他着色料；油漆及清漆；油灰及其他胶粘剂；墨水、油墨，药品。

表2-7 2007、2013和2017年中希双边货物贸易前十位产品构成

（单位：亿美元）

时期	中国出口希腊			希腊出口中国		
	Top10			Top10		
2007	H2	84	4.30	H2	25	0.32
	H2	85	4.29	H2	74	0.28
	H2	89	3.90	H2	99	0.21
	H2	73	2.66	H2	47	0.10
	H2	94	2.00	H2	76	0.08
	H2	62	1.13	H2	27	0.06
	H2	72	0.97	H2	85	0.06
	H2	39	0.91	H2	84	0.05
	H2	64	0.88	H2	41	0.05
	H2	95	0.82	H2	15	0.05

续表

时期	中国出口希腊 Top10			希腊出口中国 Top10		
2013	H2	3	4.72	H2	27	1.60
	H2	4	4.27	H2	25	1.59
	H2	5	4.12	H2	52	0.42
	H2	6	1.70	H2	76	0.33
	H2	7	1.40	H2	99	0.33
	H2	8	1.23	H2	74	0.30
	H2	9	1.19	H2	43	0.15
	H2	11	1.19	H2	47	0.14
	H2	12	1.04	H2	85	0.11
	H2	13	0.90	H2	15	0.09
2017	H2	84	10.67	H2	25	2.52
	H2	85	5.47	H2	27	1.29
	H2	64	3.24	H2	47	0.27
	H2	61	3.21	H2	85	0.13
	H2	94	2.82	H2	74	0.13
	H2	62	2.59	H2	52	0.11
	H2	95	2.18	H2	84	0.11
	H2	39	1.30	H2	32	0.08
	H2	73	1.03	H2	30	0.08
	H2	89	0.98	H2	99	0.08

显然，从上述中希两国贸易总额排名前十的产品可以发现，只有机械器具及其零件，电气设备及其零件这两类产品是相同的。这说明，中希两国之间的贸易以产业间贸易为主，在其他产品领域呈现出较强的互补性。当然，具体的产业内贸易程度及互补性分析将在本部分后续部分进行详细分析。

（三）贸易互补性与产业内贸易分析

1. 指标构建与数据说明

各种贸易互补性指数并无一致性，本文参考 Finger and Kreinin（1979）提出的出口相似度指数，构建进出口匹配指数（Exports Matching Index，EMI）来测算中国与希腊进出口结构的匹配度，借此评判中国与希腊的贸易互补性[①]。该指数可用来衡量任意两国或两组国家在第三方市场或世界市场进出口产品的匹配程度，匹配程度越大，表明两国互补关系越强，计算方法如下：

$$EMI_{ij} = \sum_k \min\{x_i^k, m_j^k\}$$

其中，i 和 j 表示国家，k 表示产品，该指标值介于 0 和 1 之间，其中 0 表示完全竞争，没有任何互补关系；1 表示完全互补关系，没有任何竞争关系。指数越大，表明两国互补关系越强，竞争关系越弱。具体而言，x_i^k 为中国产品 k 出口世界所占比重，m_j^k 为希腊产品 k 进口世界所占比重，因此，上式可反映中国出口对希腊进口的互补性。反之，利用中国产品 k 进口世界所占比重和希腊产品 k 出口世界所占比重，则可考察希腊出口对中国进口的互补性。

实证分析中用到的贸易数据均来自联合国商品贸易统计数据库（UN Comtrade），分类标准采用的是国际贸易标准分类的第三版（SITC－3），并细分到 3 位代码，这主要是考虑到双边贸易互补的实质是其产业之间的互补，而目前产业内贸易的计算多细分到 3 位代码。

[①] J. M. Finger and M. E. Kreinin, "Measure of Export Similarity and Its Possible Uses", *Economic Journal*, 1979, pp. 89, 905 – 912. http://dx.doi.org/10.2307/2231506.

2. 贸易互补性分析

随着经济全球化进程的加快,产业在全球范围内进行重新布局,产业转移使得产业链在全球范围内得以重新分工。从表2-8可见,中国与希腊间的进出口互补指数近十年有所下降,这意味着中希两国的专业化分工程度趋于松散,两国的贸易互补关系弱化。2017年中国出口对希腊进口的互补性为0.4167,高于希腊出口对中国进口的互补性,后者该指标值仅为0.2721。结合两国贸易的商品结构可知,中国和希腊两国的进出口商品结构具有较大的差异性,除机械器具、电气设备及其零件这两类产品外,中国与希腊在不同产品分工领域进行竞争。可见,两国在一定程度上既存在竞争,同时又存在贸易互补优势,且贸易竞争大于贸易互补。

表2-8　2007年、2013年和2017年中希贸易互补性

	中国出口对希腊进口的互补性	希腊出口对中国进口的互补性
2007	0.4714	0.3039
2013	0.3616	0.2599
2017	0.4167	0.2721

3. 产业内贸易与分工

产业内贸易通过相同行业异质性产品的相互贸易,在扩大市场规模、获取规模经济的同时,也为企业创新活动提供了强大的推动力,进而为经济增长提供新的引擎。产业内贸易研究的基础是产业内贸易指数的度量,即把一国(产业)的贸易活动按性质划分为产业间贸易与产业内贸易两类,产业内贸易指数度量的是产业内贸易占贸易总规模的百分比。然而,在目前的国际贸易研究中,度量产业内贸易程度的指标有很多,这些指标各有优劣,并无公认的一致倾向。本部分采用当前国内学

者最常用的 G-L 产业内贸易指数，计算公式如下：

$$B_i = 1 - \frac{\sum_{k=1}^{m} |X_k - M_k|}{X_i + M_i} \tag{1.1}$$

式（1.1）中，X_k（M_k）表示产业（i）中的第 k 类产品（假设产业 i 中的对外贸易产品有 m 类）上中国对希腊的出口（进口）额，X_i（M_i）表示产业 i 的出口（进口）总额。$\sum_{k=1}^{m} |X_k - M_k|$ 表示了产业 i 中的产业间贸易部分，$X_i + M_i$ 表示产业 i 的总贸易，这样，$\frac{\sum_{k=1}^{m} |X_k - M_k|}{X_i + M_i}$ 就表示产业间贸易的比重。利用联合国商品贸易统计数据库（UN Comtrade）中《国际贸易标准分类》第三版（SITC. Rev3）标准中的 3 级代码，计算出希腊 2007、2013 和 2017 年间各大类商品的产业内贸易指数，如表 2-9 所示。

表 2-9　　2007 年、2013 年和 2017 年中希双边产业内贸易水平

年份	产业内贸易水平									
	0	1	2	3	4	5	6	7	8	9
2007	0.086	0.067	0.022	0.177	0.006	0.116	0.066	0.017	0.013	0.000
2013	0.216	0.442	0.005	0.094	0.011	0.185	0.112	0.024	0.010	0.216
2017	0.149	0.260	0.011	0.361	0.001	0.153	0.021	0.029	0.010	0.325

从表 2-9 中可以看出：第一，初级产品中，中希在矿物燃料、润滑油和饮料及烟草大类产品上产业内贸易水平较高，产业内贸易指数分别为 0.361 和 0.26，其次在蔬菜、水果、糖制品及蜂蜜等食品农产品上中希契合度较高，相对而言，纺织纤维、原油及金属矿砂等非食用原料（不包括燃料）方面产业内贸易水平较低，但呈现出上升趋势；第二，劳动密集型产品中，

包括皮革制品、橡胶制品、木制品、钢铁及有色金属在内的制成品产业内贸易水平，略高于同期服装、鞋类、家具、床上用品和照明设备等杂项制品的产业内贸易水平，后者产业内贸易指数仅为0.01，总体来说，中希两国在劳动密集型产品上更多进行的是产业间贸易；第三，资本和技术密集型产品中，化学品、染色原料、医药品、香精油及香料、塑料等制成品产业内贸易水平较高，由2007年的0.116提高到2017年的0.153，样本期间涨幅达到31.9%，机械及运输设备以产业间贸易为主，而未分类的其他商品产业内贸易水平较高。

（四）中希双边投资规模

1. 双边投资增长与市场份额

多年以来，中国对希腊的对外投资较少。但自2010年之后，中国公司对于希腊的兴趣与日俱增，伴随希腊政府广泛的私有化项目的推出，中国企业通过资产并购或绿地投资方式加大了对希腊的投资。2013年，中国企业对希腊新增投资约为190万美元，截至2013年年底，中国对希腊投资存量首次突破1亿美元，达到1.2亿美元。随后几年投资陷入停滞状态，至2017年年底，中国对希腊投资存量累计达到1.8亿美元（参见图2-3）。尽管目前中国投资规模有限，但随着希腊正式加入中国—中东欧国家合作机制，中希经贸合作将进一步深化，在希腊比港项目的示范作用带动下，越来越多的中国企业对希腊的投资意愿增强。

如图2-4所示，截至2017年年底，希腊对外投资存量为161.37亿欧元，其中，57%的投资流向欧盟成员国。就单个目的国（地区）而言，塞浦路斯引资总额达42.2亿欧元，居各国（地区）之首；其次分别为美国（21.2亿）、荷兰（19.7亿）、中国香港（19.3亿）和罗马尼亚（15.7亿），占希腊对外投资总额的13.1%、12.2%、12%和9.7%。希腊对英国与卢森堡

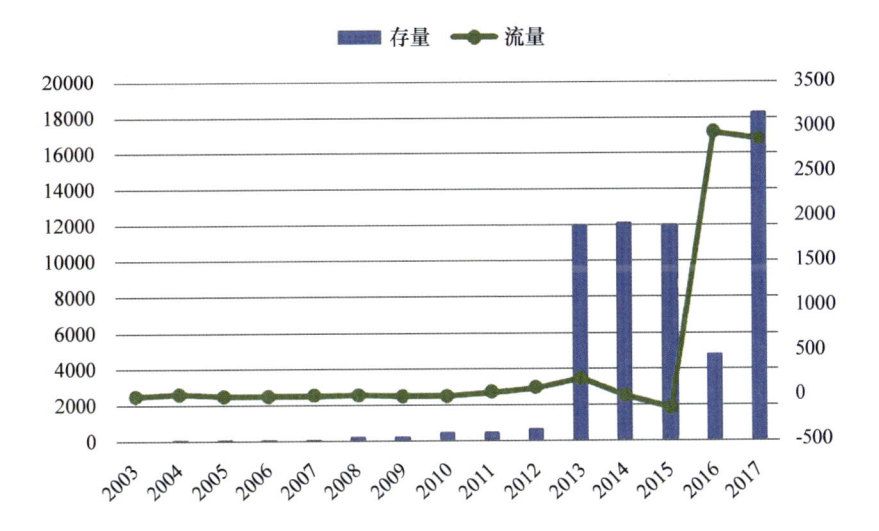

图 2-3　2003—2017 年中国对希腊投资流量与存量（单位：万美元）

数据来源：中华人民共和国商务部、国家统计局、国家外汇管理局：各年度中国对外直接投资统计公报。

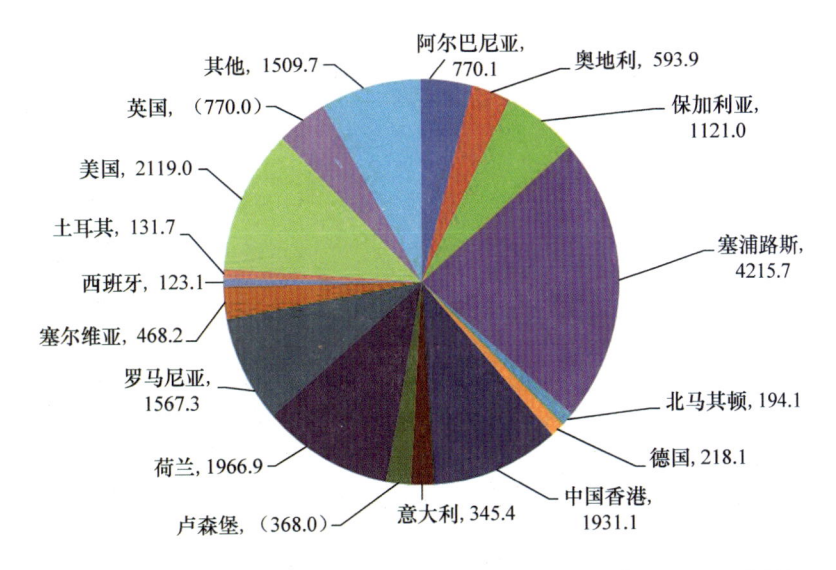

图 2-4　2017 年按东道国划分的希腊对外投资存量（单位：百万欧元）

数据来源：希腊中央银行，https：//www.bankofgreece.gr/Pages/en/default.aspx。

的投资为负值,表明以上两国对希腊投资为净流入。按照投资行业划分,希腊对外投资以金融保险为主,规模达到65.1亿欧元,占比高达40.3%;紧随其后的为贸易与修理业,截至2017年年底,希腊累计对外投资41亿欧元,其他制造业和信息通信业分别以19.1亿和11.8亿欧元位居对外投资第三和第四位。

受数据可得性限制,希腊对中国直接投资存量的分析仅限于中国香港地区。2001—2006年,投资规模缓慢增长,截至2006年年底,希腊投资总规模不足1亿欧元。随后,希腊对中国的直接投资加速增长,由2007年的2.46亿欧元增至2012年年底的7.94亿欧元,年均增长率高达26.4%,同期,对中国投资存量占希腊对外投资总存量的比重由1.1%提高到2.3%。2013年投资总量小幅下降后,2014—2017年呈现快速增长趋势,2017年年底,投资存量已高达19.3亿欧元,占希腊对外投资总存量的比重更是攀升至12%。由此可见,中国对希腊企业的投资吸引力逐年上升,在希腊对外投资中的重要性日益增加。

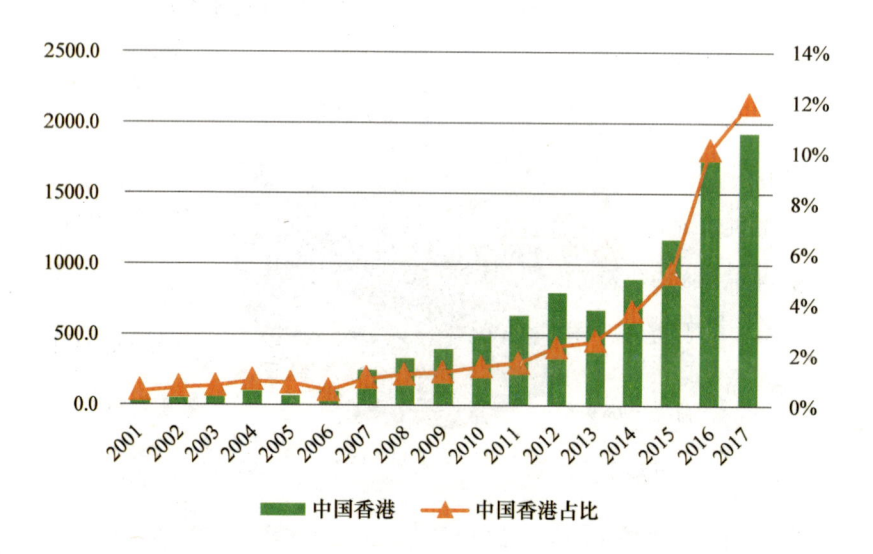

图2-5 2001—2017年希腊对香港投资存量(百万欧元)及占比(%)
数据来源:希腊中央银行,https://www.bankofgreece.gr/Pages/en/default.aspx。

2. 投资领域渐趋多样化

近年来，中国与希腊全面战略伙伴关系持续发展，各领域友好合作不断扩大，2013—2017 年，中国对希腊非金融类投资存量从 1.19 亿美元增至 1.82 亿美元，增长 52.9%，中希双向投资主要集中在海运、基础设施、电信和能源领域。截至目前，已经登陆希腊市场的中资企业，主要有：

中远海运集运（希腊）有限公司：2008 年，原中远集团获得希腊比雷埃夫斯港 2、3 号集装箱码头特许经营权。2010 年 9 月，在中方接管 3 个月后，集装箱码头便开始连续实现单月盈利。2016 年 4 月，中远海运集团收购比港港务局 67% 的股权，并于同年 8 月接管经营比港港务局。中远海运投资比港后，积极承担社会责任，带动了当地经济的发展，该项目为当地创造直接就业岗位 3000 多个，间接就业岗位 10000 多个。

国家电网驻希腊独立输电网公司：2016 年 10 月，国家电网公司成功中标取得希腊国家电网公司 24% 股权，参与该公司规划、财务、建设、技术等方面的经营管理。国家电网公司还将在电网建设、投融资、电网运营、人员培训和新技术研发等方面与希腊国家电网公司开展深入合作，提升希腊国家电网公司的企业价值，为希腊当地经济社会发展贡献力量。

复星集团：2014 年 6 月，复星集团出资 2 亿美元与希腊兰达发展股份有限公司（Lamda）的母公司 Latsis 集团签订了关于合作开发希腊雅典海利尼肯（Hellinikon）旧机场改造项目及未来寻求开展其他广泛合作的框架协议。项目整体开发面积达 620 万平方米（约 620 公顷），租约为 99 年。据希腊经济研究机构 IOBE 估算，该项目可在 10 年内直接和间接创造大约 5 万个就业岗位。

中国新时代集团希腊分公司：2014 年，新时代控股（集团）公司投资总额 7200 万欧元，在希腊成功投资建设了 30 兆瓦光伏发电项目。随后，该公司对希腊新增投资 2 亿欧元以上，投资领域涵盖节能环保、区域经济开发、绿色农业和旅游等产业，推进在希腊市场的业务拓展，扩大在欧洲乃至国际市场的品牌影响力。

中国国家能源集团：2018 年 7 月，与希腊科佩鲁佐斯集团（Copelouzos Group，CG）进行战略合作，在希腊、巴尔干及欧洲地区推广清洁能源。未来将合作开发绿色能源，并在希腊及其他国家升级改造发电设备、促进环境保护。

此外，投资希腊的中国企业还有华为科技有限公司、中兴通讯有限公司、中国船级社、中国国家开发银行、中国工商银行、中国银行、小米公司等。2017 年 7 月，希腊首个"小米商店"线下店在雅典购物中心 Golden Hall 开业，标志着中国小米公司与希腊大型企业（Info Quest Technologies）的合作迈出了成功的一步。总体来看，中国在希腊投资企业数量依然偏少，投资总额较小。受欧洲经济复苏乏力影响，中国部分在希腊投资企业经营业绩下滑，但企业采取降低成本、开发新客户等多种方式积极应对，总体发展较为顺利。随着近年来双边政治、经贸关系不断升温以及对希腊市场认识不断加深，中国企业在希腊市场具有较大的发展潜力。

3. 双边投资与"17＋1 合作"

2003—2015 年，中国对中东欧地区投资规模呈加速扩张趋势，投资总量由 2003 年的 0.42 亿美元增长至 2015 年年末的 21 亿美元，年均增长率达到 38.5%，其中，近 90% 流入匈牙利、罗马尼亚、波兰、保加利亚和捷克，2015 年年末以上五国投资存量分别为 5.71 亿、3.65 亿、3.52 亿、2.36 亿和 2.24 亿美元。2012 年之前，希腊吸引中国投资不足中东欧地区投资规模的 1%，直至 2013 年，这一比重骤升至 7.7%。此后，希腊占比逐年下降，2016 年，中国对希腊投资仅占中东欧地区的 2.8%。

此外，近年来匈塞铁路、罗维纳里燃煤发电站等大型基建项目的建设，以及中欧陆海快线务实合作的推进，使得匈牙利成为该地区引资规模最大的国家。

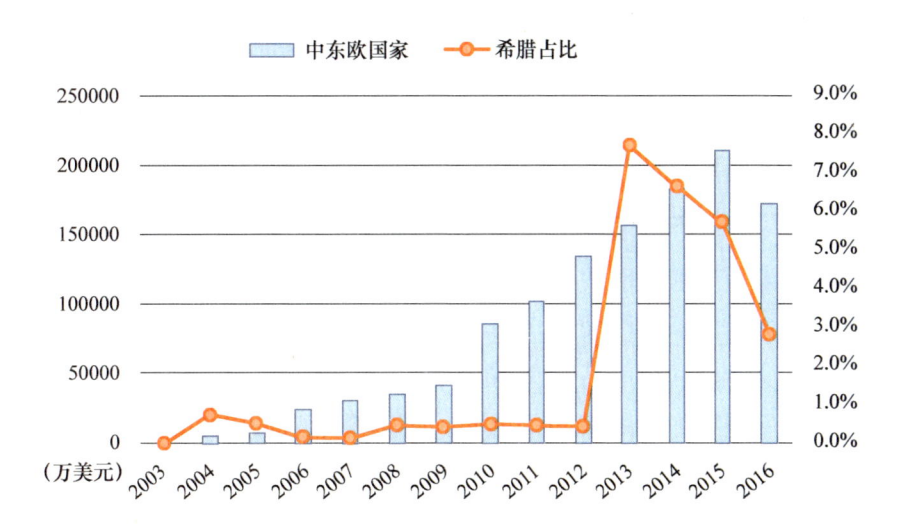

图 2-6　2003—2016 年希腊吸引中国投资存量及其占中东欧地区比重

数据来源：中华人民共和国商务部、国家统计局、国家外汇管理局：各年度中国对外直接投资统计公报。

（五）结论与启示

综上所述，中希双边贸易投资特征可以归纳为以下几个方面：

第一，总体来看，中希双边贸易在国际金融危机前后呈明显相反的变化趋势，2013 年以来的危机后时期，中国对希腊出口呈高速增长趋势，年均增长率高达 10.22%，同期，希腊对中国出口则下降，导致希腊贸易逆差规模扩大。对中希贸易增长进行的二元边际分析显示，中国贸易增长主要是广度增长的贡献，而希腊对中国出口广度和深度边际均有所下降，与 2007 年相比，2017 年深度边际下降 76.36%。随着希腊正式加入中国—中东欧国家合作机制，中希贸易失衡问题有望得到改善。

第二，商品结构方面，中国与希腊的双边货物贸易呈现出较为明显的资源禀赋特征，中国对希腊出口以劳动和资本密集型商品为主，分别占出口总额的56%和40.8%，而希腊对中国的出口中资源密集型商品占比达到85.5%，远超中国资源型产品的出口。考虑到出口品的技术含量和经济用途，希腊出口以低技术含量产品和中间产品为主，两类产品出口额分别占各自类别出口总额的89.2%和54.1%，同期，低技术含量产品占比增长较快，希腊出口越来越集中在低技术含量产品上。

第三，产业内贸易方面，中希在矿物燃料、润滑油和饮料及烟草大类产品上产业内贸易水平较高，相互依赖增强。两国在蔬菜、水果、糖制品及蜂蜜等食品农产品领域与化学品、染色原料、医药品、香精油及香料、塑料等制成品的产业内贸易水平相当，相对而言，机械及运输设备类产品则以产业间贸易为主，这与两国优势产业结构的较大差异有关。

第四，中希双边投资规模增速放缓，但投资领域渐趋多样化，覆盖海洋运输、基础设施、电信和能源领域等。中国对希腊投资存量占中东欧地区比重在2013年达到7.7%后，呈下降趋势，这一比例在2017年降至2.8%，表明中国对中东欧地区的投资逐渐转向匈牙利、罗马尼亚等国家。与此相对，希腊对中国香港地区的投资则持续攀升，超过希腊对外投资规模的10%，表明香港的地理位置、政策与劳动力等方面的优势对希腊企业的投资吸引力在不断增强。

基于此，中希两国可通过战略对接，进一步挖掘贸易潜力，推进贸易关系全面升级。希腊政府通过银行释放流动性促进中小企业投资，同时更注重出口导向的增长模式，并致力于推动希腊在旅游、物流、区域能源项目、食品加工和医药等领域的合作，以实现经济增长。2019年4月，中希签署《关于重点领域2020—2022年合作框架计划》，合作计划将两国重点合作领域从交通、能源、信息通信领域进一步拓展至制造业和研发、金融领域,希腊期待进一步深化与中国在航运、农业、旅游、文化和科技等领域的合作与交流。2017年以来,希腊经济走向趋稳,能源领域的私有化改革和基础设施升级改造的需求为外国投资者提供了巨大的机会。

三 中国和希腊文化关系*

（一）介绍

在过去几十年里，希腊和中国之间开展了丰富文化交流①。与之前涉及领域相对"保守"相比，目前双方的交流涵盖了从经济、商业、市政、大学、科学、艺术和社会等全方位的领域。这种发展标志着中希关系发生了重大转变，而这一转变应当归功于希腊和中国政府共同提出的政府间合作倡议。

由于两国政府决策的开创性和可持续性，在中国提出启动现代丝绸之路建设后，两国关系不断向前迈进。在这些发展中，具有里程碑意义的协议包括：

第一，2006年由时任总理科斯塔斯·卡拉曼利斯与中方签署的全面战略伙伴关系协定，为中希关系奠定了新的结构性基础。它升级了先前已有的中希协定，加速了双边关系的发展。

第二，中希文化交流与合作协定，于1978年签署，2007年12月签订新一期文化交流协定执行计划。这份协定涉及双方在文化遗产、教育、艺术表演等方面的合作，并宣布2008年为

---

* 作者为希腊塞萨洛尼基亚里士多德大学教授索菲亚·怀特洛克（Sophia Kaitatzi-Whitlock），原文为英文，经翻译整理，并对原文有删节。

① 自1995年以来，双方签署了一些重要的协议，特别是在文化领域。

"中国希腊文化年"。2010年，该协定得到更新以指导双方在2011—2013年的合作。

第三，在2016年7月访问北京期间，时任希腊总理齐普拉斯与中方签署的有关文化合作与发展的新协议[①]。根据新协议，双方宣布2017—2018年为"中希文化交流和文化产业合作年"。得益于双方相关部门尽一切努力落实政策，文化、旅游、商业、科学和历史展览等活动得以相继开展。

（二）历史联系与现代趋势

希腊的小学生了解中国的古代文化、艺术和哲学，他们对精致的书法象形文字有着浓厚的兴趣。他们读到中世纪拜占庭帝国和中国古代帝国的故事，着迷于关于"丝绸之路"这条古老的贸易通道的传说，这让他们意识到区域间贸易对人类福祉的重要性。东方和西方帝国之间著名的贸易路线——"丝绸之路"也提供了"工业技术"传播的案例。拜占庭僧侣将蚕茧隐藏在他们的拐杖中进行运输，从而促进了整个地区丝绸生产业的发展。书籍和经文也被运了过来，并借此传播了孔夫子的教诲。虽然文化不同，但两大文明间依然存在重要的共同元素，例如在拜占庭图像和中国传统绘画中，非透视绘画技法都得到突出的使用。

尼科斯·卡赞扎基斯的标志性游记描绘了一幅20世纪现代中国图景。卡赞扎基斯曾在1934年和1957年两次访问中国，并撰写了有关中国大规模社会转型的文章。他将自己第一手的观察和宝贵的见解提供给希腊人。希腊人通过彼撒诺斯·米克

[①] http://www.greece-china2017.gr/en/cultural-relations。时任希腊总理亚历克西斯·齐普拉斯与中国签署了数项涉及文化的协议，比如水下文化遗产保护和科技研发协定。

罗茨克斯用于音乐创作的 Nikos Kavadias 的诗歌而了解中国。冷战后国际关系发展得更快了，希腊与中国的关系也是如此，甚至在中国加入世界贸易组织前就是如此。其中一个关键事件为 21 世纪中希关系加速发展提供了重要机会，即 2004 年的雅典奥运会。巧合的是，随后一届奥运会在北京举办。相继举办奥运会将两国更紧密地联系在一起，从而使得两国之间的定期交流成为可能①，并有利于两国之间富有成效的合作。笔者认为，奥运会中的这种特殊合作标志着当代中希关系的转折。

（三）改革文化关系

一切事物都与文化有关，或完全沉浸于文化之中。文化纽带和跨国合作形式多种多样，它们都得益于人口的流动和旅游业的发展。教育是文化的核心，它既是一种工具，一种学习方法，也是一种重要的智力和科学文化实践。无论是正式的还是非正式的，教育都渗透并影响一切。博物馆可以用来展示美丽、有趣、珍贵或神秘的文物，无论是符号的、视觉的还是立体的。沟通方式和信息渠道至关重要，它们是人类联系、互动和发展所不可或缺的。

1. 大学教育

众所周知，学生、教授和科学家都属于社会的先锋。通过参与大学教育，他们本质上倾向于超越各种困难和界限。他们在研究过程中进行推测并开展实验，推动了"全球公共产品"和人类的发展。由此推导，学术合作是中希关系的先行者，是中希开展全面合作的重要组成部分。这一领域的各种活动十分活跃。近几

---

① 国际奥林匹克委员会采取了一项措施，在本届、前一届和后一届奥运会的组织者之间开展三方合作。

十年来，希腊学术机构与世界各地的大学签订了许多协议。在中希教育合作方面，双方签署了一些重要而具体的谅解备忘录或相关双边协议，比如 2005 年签订的合作备忘录，其目标是促进双方在高等教育领域的合作关系。随后，2012 年签署的中希教育合作议定书，将双方合作关系延长至 2012—2015 年。各个教育机构之间也单独签署类似的谅解备忘录，特别是塞萨洛尼基亚里士多德大学与上海外国语大学。大多数希腊大学与中国同行签订了涉及科学或研究合作交流项目的协议。除了双边层面上建立的关系和网络，在多边的欧盟交流网络中两国之间也建立了伙伴关系，比如"伊拉斯谟+国际"项目。

（1）塞萨洛尼基亚里士多德大学

亚里士多德大学处于希腊外向型国际化网络建设的最前沿。它不仅在多个层面达成了一些双边协议，同时也参与了多个多边项目。自 2006 年与中国社会科学院签署第一份合作协议以来，亚里士多德大学已经与中国同行签署了 20 项此类协议。协议通常每年或每两年启动一次，这取决于资源的可获得性和对项目感兴趣学者的反应。交流活动可以轮流或同时开展。两个签约方的学者同时访问彼此研究机构的情况也时有发生。在金融危机期间，双方的这些项目受到了一些限制。

与亚里士多德大学签订双边协议的中国合作伙伴主要包括北京以及其他主要城市的机构，在北京的合作伙伴包括中国社会科学院、北京航空航天大学、北京外国语大学和北京教育学院，在上海的合作伙伴包括上海外国语大学、复旦大学和上海立信会计金融学院。此外，该校还与香港城市大学和杭州师范大学等大学建立了合作关系。一般而言，合作协议涵盖了整个学科，并为学者和研究人员提供比本科生和研究生更多的交流机会。此外，2013 年亚里士多德大学和上海外国语大学的协议包含了交换语言教师的特殊规定，特别是在上海外国语大学教授希腊语，以及作为对应，在孔子学院框架内在塞萨洛尼基开展汉语教学，亚里士多德大学与上海外国语大学共建孔子学院，将于 2020 年开始运营。目前，亚里士多德大学正在考虑与中国合作伙伴签订新的协议。

(2) 雅典国立卡波季斯特里安大学

雅典国立卡波季斯特里安大学是希腊最古老的大学，成立于 1837 年，当时希腊刚从奥斯曼帝国统治下独立出来不久。它与雅典国立技术大学同为雅典最主要的高等教育机构。雅典国立卡波季斯特里安大学的院系几乎涵盖了所有学科，并拥有十分丰富的欧洲和国际项目。

与希腊国家战略相对应，雅典国立卡波季斯特里安大学同样与不少中国同行签署了双边协议。2005 年，它与上海外国语大学签订双边协议。最近，该校扩大了与中国大学合作的范围，同香港理工大学和成都理工大学签署合作协议。雅典国立卡波季斯特里安大学还与浙江广播电视大学玉环学院开展一项重要的多边项目。该项目涉及与商业公司的合作。为此，雅典国立卡波季斯特里安大学研究委员会主任埃菲希米奥斯·莱卡斯教授于 2014 年随一个科学和商界领袖联合代表团访问了北京，就该项目的目标、优先事项和程序与中方合作伙伴达成了一致意见。项目重点倾向创新和研发。协议主要特点在于官民合作以及多种经济和商业伙伴的参与，这种模式在第一阶段就获得了高达 100 万欧元的预算[1]。

由于资本倾斜的推动，雅典国立卡波季斯特里安大学发展战略目标包括努力实现国家的利益和目标。为此，该校批准了与中国石油大学（北京）的双边合作协议。该合作协议是由迪莫普洛斯校长和中国石油大学张来斌教授签署的。在地质和地球环境专家 Foteini A. Pomoni 教授的科学指导下，项目于 2016

---

[1] http://old.uoa.gr/anakoinoseis-kai-ekdhloseis/anakoinoseis/proboli-anakoinwshs/apostoli-toy-ekpa-sthn-kina.html.

年12月开始实施，周期为五年①。希腊研究与技术秘书处（教育部）和中国科技部于2016年签署的关于科技和创新领域的合作谅解备忘录，为这些项目创造了更加有利的条件②。事实上，它已被证明对雅典国立卡波季斯特里安大学的合作至关重要。此外，雅典国立卡波季斯特里安大学也积极致力于发展与其他中国同行的关系。

（3）雅典派迪昂政治经济大学

派迪昂政治经济大学是雅典的一所专攻社会科学的小型大学，拥有良好的国际声誉。该校与东华大学（East China University）、四川省乐山市乐山师范学院政法学院等中国同行有双边合作关系和相关项目合作协议。它还参与了涉及中国合作伙伴的多边创新项目，在欧盟"伊拉斯谟+国际"框架内的一个三边合作项目，该项目的独创性在于涉及三个机构，两个学术机构和一个公共服务机构共同参与合作，即派迪昂政治经济大学和浙江传媒学院及希腊国家通讯社。因此，实际上合作内容也涉及媒体产品制作。

希腊方面，派迪昂政治经济大学校长Ismeni Kriari教授和希腊国家通讯社总裁Michalis Psillos先生签署了在媒体和通信产品制作领域开展合作的协议。中国方面由浙江传媒学院院长项仲平教授签署。这种合作不仅结合了沟通和教育，而且还有内容制作。为此，来自浙江传媒学院新闻与传播学院的外事合作官员包晓峰和崔波教授访问了雅典。和通常做法一样，合作包括了学生和员工的交流项目。作为合作项目的一部分，浙江传媒学院的学生参加了2018年锡罗斯国际研讨会，该项目由派迪昂

---

① https：//www.uoa.gr/anakoinoseis_ kai_ ekdiloseis/proboli_ anakoinosis/dimeris_ symfonia_ synergasia_ metaxy_ toy_ ekpa_ kai_ toy_ panepistimioy_ petrelaioy_ tis_ kinas/.

② http：//www.greece-china2017.gr/en/cultural-relations.

政治经济大学的媒体、文化和传播部管理①。根据派迪昂政治经济大学副校长 Nikos Leandros 的说法，双方计划实施共同的研究和教育项目。在数字应用程序制作方面，将涵盖文化和新闻领域。视频片段和其他内容将由合作伙伴协同制作，并将通过希腊国家通讯社的平台进行传播。事实上，希腊国家通讯社已与中国新华社开展合作（见下文）。因此，这种多层次网络为更广泛的协同效应创造了可能性。

（4）克里特理工大学、伯罗奔尼撒大学、爱奥尼亚大学、爱琴大学和克里特大学

目前，大学之间建立网络的潮流正以惊人的速度涌向希腊的高等教育机构。比如，克里特理工大学在中国有两个合作伙伴：第一海洋研究所（中国国家海洋局）和昆明理工大学②。伯罗奔尼撒大学作为希腊最年轻的大学，也与中国建立了联系，在希腊国家战略框架内，与上海交通大学签署了协议。爱奥尼亚大学图书馆和上海图书馆同意就专业知识开展合作交流。爱琴大学也与中国同行建立了联系。所有这些伙伴关系的目的是开展有益的合作活动③。克里特大学、罗蒙诺索夫大学和黑龙江大学的合作可能开创了一种新的建设性前景。根据新华社和希腊国家通讯社的联合报道，2017 年三所高校将在硕士学位级别开展一项共同的三语（中、希、俄）翻译教育计划。克里特大学、黑龙江大学和位于莫斯科的罗蒙诺索夫大学共同实施了这一大胆的计划。

希腊和中国大学之间这些学术交流活动表现出希腊高校在追求共同利益时一股强烈的"走出去"的潮流。可以期待这些项目和交流活动能够为人们带来更加切实可见的收益。

---

① http：//syrossummerseminar. edu. gr/.
② https：//www. tuc. gr/index. php？id = 540.
③ http：//www. greece-china2017. gr/en/cultural-relations.

2. 语言教学

现在，有许多希腊人在学习汉语，也有很多中国人在学习希腊语。但是，究竟在哪里学习彼此的语言？在希腊或中国，他们有哪些选择？这两个国家是否建立了考试和认证语言文凭的方法？语言学习有不同的层次和方法。区分教学模式和机制十分重要。例如，希腊语或中文可能被作为"外语"来教授，这与在大学阶段学习语言有很大不同。这些不同类别的模式和机制在方法和指导原则之间存在很大差异。一般来说，大学培养教育者（语言、文学、翻译、口译和文化研究者），其他机构则为任何有兴趣熟练学习外语的人提供教育，而不必去大学。这同样很重要，因为大多数人都无法轻易获得大学教育的机会。但是，语言学习涉及成千上万有精通希腊语或中文的需要的人，他们能够将其用作社会、经济或文化交流的工具。

中希双方教育主管部门设立专门机构，并组织教学机构。"外语"课程面向外国人，主要在国外开展。因此，中国发展了孔子学院网络。这些机构由国家当局管理，并通常与外交使团有联系。因此，这些需要与大学的语言学等"语言和文化部门"在多个方面区别开来，包括①方法论，②高级或非高级学习，③公共学习或"客户"学习。

（1）中国的希腊语教学

中国最悠久的希腊语系于1972年在上海外国语大学由著名的现代希腊语学者朱圣鹏教授创立[①]。他对该系的评价是"它为培养希腊语言和文化人才以及发展两国人民之间友谊做出了巨大贡献"。总的来说，现代希腊语是在大学系统中教授的。目前开设希腊语专业及教学的有上海外国语大学、北京外国语大

---

① http：//en.shisu.edu.cn/.

学、广东外国语大学、对外经贸大学等。作为一门外语，希腊语并不面向普通中国人，而是为双语或多语言的学者提供的一种教育，而这些人后来可能继续将希腊语作为一门外语用于教学①。

（2）民间希腊语教学倡议

语言是联系不同民族的重要纽带。因此，语言项目也存在着较大的普及意义，特别是在将本国语言和文化向外国传播方面。在这方面，我们观察了那些欣赏彼此文明并能够在经济上支持建立语言教学设施的组织或个人。这些赞助者是关键的促进者，特别是当事情陷入困境时，他们的贡献就显得不仅仅是有价值的，更是至关重要的。以下几个案例突出了在推进希腊语传播和中希文化关系发展方面的建设性作用。

（3）阿卡特立尼·拉斯卡利德斯基金会

该基金会的负责人②决定资助中国古典和现代希腊研究的学术席位，并选择清华大学作为资助对象，是因为该校享有极高的声誉。来自清华大学的一个学术代表团抵达希腊③并与赞助方一起建立这个新的"席位"。该协议于 2015 年 10 月在希腊共和国总统普罗科皮斯·帕夫洛普洛斯先生的见证下获得通过。由此，"Marilena Laskaridi 席位"正式建立④。该席位设在清华大学社会科学学院，并在王晓朝教授的指导下开展工作。王教授

---

① 此外也开展古希腊研究。如上海外国语大学和长春师范大学开设古希腊哲学课程。https：//www.greece-china.gr/wp-content/uploads/2013/07/periodiko_ volume1 - 2. pdf.

② Panos Laskaridis 是该基金会的主席，而其女儿 Katerina Laskaridis 女士则是该基金会的副主席。

③ 该代表团成员包括清华大学中欧关系研究中心主任张利华教授、史志钦教授和道德与宗教研究中心主任王晓朝教授。

④ Marilena Laskaridi 已经去世，该席位以其名字命名，而相应的捐赠则是对其的纪念。

是一位著名的希腊研究学者,他曾将柏拉图的作品翻译成中文①。

(4) 私人赞助

Vasileios Constantakopoulos 先生是一位广受赞誉的希腊航运商人,在中国拥有特殊和广泛的商业联系。他认识到促进和扩大希腊语教学的迫切需要,并就此向北京大学历史系希腊研究中心提供赞助。按照规定,该希腊研究中心的目标是通过教育和文化推进和宣传"希腊主义理想"。前中国驻希腊大使杨广胜先生曾在该中心教授希腊语多年。他的逝世留下了一个空白。目前,埃琳娜·埃弗拉米多教授在该中心教授现代希腊语。上述这些赞助展示了国家和私营部门协同合作的案例,它通过希腊个人的资助改善了中国的中希语言项目。

(5) 希腊的中国研究

尽管希腊的大学有专门从事东亚问题研究的部门,但迄今没有专门从事中国事务、文化或语言研究的部门。在任何希腊大学中都没有"中文"或"汉语言"系,没有专门的教授职位,也没有附属于相关部门的"中文教席"。因此,希腊大学似乎都在研究欧洲语言,如法语、英语、德语和意大利语。现在亚里士多德大学德国语言学部也开始俄语的研究,创建了一个俄语语言"席位"②。这是由希腊—俄罗斯商人 Ivan Savvidis 先生赞助的。

(6) 孔子学院

孔子学院是由中国政府设立并由"汉办"③经营的非营利性文化机构。他们的使命是充当语言和文化传播者,将中国与

---

① https://www.tilestwra.com/dimiourgite-edra-ellinikis-glossas-sto-megalitero-panepistimio-tis-kinas.

② 在希腊—俄罗斯商人 Ivan Savvidis 先生的赞助下,该席位在2017年设立。

③ 也就是中国国家汉语国际推广领导小组办公室。

世界联系起来。目前在110多个国家设置了超过500个此类机构。欧洲有173所孔子学院，而希腊仅有一所，设在雅典的雅典经济与商业大学①。它是根据2008年雅典经济与商业大学与孔子学院之间的合作协议，与对外经济贸易大学合作设立的。前文已提到，亚里士多德大学与上海外国语大学共建的另一所孔子学院计划在塞萨洛尼基建立，并将于2020年开始运营。

3. 书籍和书展

国际书展是出版商和作者走出国界、走向世界的途径。通常，中国和希腊两国每年都组织这样的活动，并且彼此都将对方作为重要客人进行邀请。2006年，希腊首次受邀参加此类活动。2008年，当中国成为奥运会的主办国时，希腊被宣布为活动主宾国。在该框架中，希腊文明基金会参加了在天津举办的书展活动。两年后的2010年，作为回应，希腊邀请中国为塞萨洛尼基国际书展的主宾国。在"传统与创新"的标题下，中国出版商组成的大型代表团给人留下了深刻的印象，并吸引了游客对中国历史和文学经典的关注。塞萨洛尼基国际书展成为中国在欧洲展现其不断增强的存在的重要场所。从那时起，中国出版商的展馆往往成为所有展馆中最耀眼的展馆。在2017年的书展中，中国出版商再次展示了他们最重要的作品。缺席三年之后，希腊于2016年恢复参加北京图书双年展。

（1）古代作家比当代作家更有吸引力

希腊和中国之间的书展已经持续了十多年。从统计数据来看，2017年塞萨洛尼基国际书展中有4000人参观了中国馆。但是，作家和出版商之间的实际交易状况如何呢？什么样的文学作品被翻译成彼此的语言？有优秀的翻译者吗？哪位在世的希腊作家的作品被翻译成了中文？值得注意的是，大多数图书交

---

① http：//english.hanban.org/node_ 10971.htm.

易都涉及古希腊作家,如苏格拉底、修昔底德和赫拉克利特,反之亦然。希腊读者主要通过"二手"翻译来了解中国的古代作家。比如中国古代作家孙子的《孙子兵法》被两次翻译成希腊文,但两次都是通过另一种外语翻译过来的①。孙子的经典思想是以"致人而不致于人"来赢得冲突。这是他的一项重要遗产,尽管那是在遥远的过去提出的。

任何真正的文化熏陶,都必须有当代文学的彼此参与。但事实上,当代希腊书籍在中国市场的传播可以说是微乎其微。例如,中国购买了 15542 种新书,其中只有一小部分是希腊语的。这是一个值得关注的问题。由此人们可以推断,中国公众普遍忽视当代希腊文学,反之亦然。因此,尽管中国对世界不断开放②,而希腊也同样对此抱有热切愿望,但相互之间开展活跃的智力交流仍然是一种奢望,迫切需要予以加速推进。

(2) 词典极为匮缺

人们相互交流是以良好的语言知识为基础的;对于外国人来说尤其如此。了解彼此的语言可以增进理解,促进信任的形成并结成强有力的文化纽带。尽管中希之间都相互欣赏,但每个从事中希文化事务的人都知道或遇到过两种语言之间缺乏词典的问题。然而,词典恰恰是学习任何语言不可或缺的基石。因此,在中希文化事务链条中就出现了一个有待发展的环节。只要没有优秀的和全面的中希词典,就不能在交流和文化中获得最佳成效。必须紧急行动起来,编纂一套好的汉语—希腊语和希腊语—汉语词典。可持续的中希关系的发展将以此为前提。这将对加速中希关系所有领域的合作都产生重要影响。文化关系的链条起于词典。其鲜明的连锁顺序

---

① 2013 年版的《孙子兵法》是由 Rena Lekkou-Danou 在此前两个英文译本的基础上翻译的。

② https://chronos.fairead.net/kapos-bo-ellada-kina.

包括：中希词典、语言教学、翻译和口译、图书出版、信息供应和媒体交流。

4. 博物馆展览——艺术双年展

中国有一句谚语在全世界非常有名："百闻不如一见"。与公开的口头或书面表达以及文本不同，视觉艺术作品具有独特的力量，使人们在理解信息中自由地进行主观解码并具有一定的灵活性。这就是视觉艺术，是所有文化中最具标志性的、最可见的和最可感知的表征部分。2017—2018年，许多博物馆都参与到"中希文化交流和文化产业合作年"的框架中①。两国都推出了令人感兴趣的活动。因此，这项政策是开展有创意的交流合作的重要轴心。两国之间的视觉艺术活动包括展览，也包括相关的平行项目，如研讨会、讲座和参观等。当代绘画和雕塑以及古老的历史宝藏和技术展品，在现代"丝绸之路"的框架内往返于两个国家之间，朝着共享和互联的目标前进。艺术表现形式将人们聚集在一起，在观众之间架设了连接的桥梁。通过艺术的视角，人们创造了重要的"空间"，艺术品扮演着明显或隐蔽的功能：心理的、仪式的、社会文化的，乃至政治的。此外，艺术作为非传统路径的领域，能够提供灵感、激励、希望、信念以及想象的投射。以艺术形式塑造的信息以柔和的方式传达，增强了双方的联系并提供了许多人际交往的机会。

博物馆的董事会和策展人创造性地与合作伙伴协调，以实现文化的熏染、令人满意的美学效果和文化的互动。下面笔者介绍一些带有标志性的案例，特别是希腊国家当代艺术博物馆与中国国家美术馆密切合作，于2017年至2018年在北京和塞萨洛尼基共同举办的展览。此外，还有雅典卫城博物馆的精彩活动项目、两个重要的私人博物馆在雅典的贡献，以及两个希

---

① http://www.greece-china2017.gr/en/cultural-relations.

腊地方博物馆与中国同行的另外两个展览合作活动。

(1) 第七届北京国际美术双年展

自2006年以来，中国国家美术馆开始组织北京国际美术双年展。该展览现已成为亚太地区非常成熟的文化展览，并逐渐在全世界赢得赞誉。2017年的双年展于9月24日开幕，并于10月15日闭幕。在较短的时间内举办这一展览使其成为一个日程非常紧凑的活动，因为它包括几个平行的活动，如研讨会、工作坊以及艺术家和策展人的访问等。以"一带一路"建设为方向，第七届北京国际美术双年展将主题定为"丝路与世界文明"。因此，组织者提出了中国作为一个文明中心的概念，并将文明的刻度重新设置为创造性的互动。值得注意的是，2017年的第七届双年展邀请了来自106个国家的600位艺术家，世界近2/3国家的参与，使得本次展览成为最具包容性和代表性的双年展。通过为艺术家的作品提供一个开放的征集平台，它展示了一种外向的开放性。从艺术家的角度来看，这个特点非常受欢迎，特别是考虑到有的双年展有时会限制参与，并采用以名人为中心的作品评选标准。

(2) 希腊：北京国际美术双年展的特邀嘉宾

值得注意的是，第七届北京国际美术双年展致力于促进中希文化交流，并将希腊作为主宾国。希腊国家代表团的组织和策划由塞萨洛尼基国家当代艺术博物馆承担①。当代希腊艺术家展览在中国国家美术馆中心一个宽敞的展馆举行，其主题是"身体，灵魂与地方——希腊当代艺术家"。时任希腊文化部部长莉迪亚·考尼朵女士、当代艺术博物馆副馆长索菲亚·怀特洛克教授以及希腊驻华大使列奥尼达斯·罗卡纳斯先生共同出

---

① 本文的作者是塞萨洛尼基国家当代艺术博物馆的副馆长。因此，她参加了希腊代表团并在第七届北京国际美术双年展研讨会上发言。本届展览的主策展人是 Wang Wei 和 Miguel A. Benavides。

席了开幕式。希腊的展品强调"对人类状况的主观叙述、经验和解释",同时探索"如何沉浸在社会和物质现实中"的解释。希腊艺术家获得了相当多的关注和真诚的钦佩。希腊展品得到了来自中国和外国参观者的积极反馈[1]。无论是地方的、国家的还是国际的新闻媒体都对此做了报道。欧洲通讯社和新华社不仅通过艺术图像、文本、视频和照片的方式报道了这次展览,还报道了对艺术家的采访。来自希腊的艺术作品被广泛传播给观众、读者和听众。参加第七届双年展的希腊艺术家比上一届增加了6位。他们的作品通过"公开征集平台"选出并在一般项目中展出。希腊总共有33位艺术家参加第七届北京国际美术双年展,这个数字对希腊这样一个小国家来说已经相当大了。作为平行活动计划的一部分,第七届北京国际美术双年展研讨会于2017年9月26日举行,希腊展组织者在会上提出了他们对文化互动的看法[2]。

(3) 塞萨洛尼基国家当代艺术博物馆的中国艺术家

在艺术家对话的框架下,国家当代艺术博物馆在塞萨洛尼基组织了一位中国年轻艺术家创作的40件作品的特别展览。展览于2018年5月开幕,举办地点位于塞萨洛尼基国际博览会马其顿当代艺术博物馆的画廊大厅。视觉和塑料艺术反映了它们在当代中希文化关系中所起到的重要的纽带作用。据报道,在组织优秀艺术展示平台时,两家联系密切的博物馆都在美学层面表现出很高的合作水平。国家当代艺术博物馆于2017年组织了第六届塞萨洛尼基国际双年展,该展览通常持续四个月。在这一框架中,它通过塞萨洛尼基国际书展的"公开评选"的方

---

[1] 作者本人的观察和评估。塞萨洛尼基国家当代艺术博物馆的展览是由 Syrago Tsiara 博士和 Maria Tsantsanoglou 博士组织的,他们都是当代艺术博物馆的主任。

[2] 塞萨洛尼基国家当代艺术博物馆副馆长索菲亚·怀特洛克教授和 M. Tsantsanoglou 主任是发言人。

式,接待了来自包括中国在内的世界各地39个国家的艺术家。他们在通常的标准之上"随机"选出。因此,北京和塞萨洛尼基双年展存在时间上的重叠,但这也使得人们可以对双方的组织模式和方法进行有趣的比较。

(4)展览互换:雅典和周边地区

其他一些博物馆也在文化创意和互动的框架内开展了交流活动。这些博物馆包括重要的雅典博物馆,以及全国各地的一些专业博物馆,它们在2017—2018年举办了一系列活动和博览会。笔者将简要介绍雅典卫城博物馆和其他两个雅典博物馆的活动,以及希腊边远地区的几个博物馆的贡献。

雅典卫城博物馆和上海博物馆

雅典卫城博物馆无疑是世界上最富盛名的博物馆之一,它组织了一些与中希文化相关的展览活动。在2017年10月28日的纪念日,雅典卫城博物馆推出了一项平行活动,展出了两件精美的中国古代艺术作品:春秋早期青铜作品子仲姜盘和清代书画作品《清江行旅图》。这两件作品都是来自上海博物馆的精品馆藏。它们是根据中希双方签署的合作备忘录组织展出的。上海博物馆在2018年年初(1月8日至4月8日)组织了相应的活动,展出了两件卫城博物馆收藏的精美作品:科拉雕像(公元前520年)和舞乐图瓶画器盖(公元前350—前325年)。同时,双方正在进行的交流计划也十分令人期待。

2018年6月,雅典卫城博物馆馆长迪米特里奥斯·潘达尔马里斯教授宣布2017年访客人数创历史新高。这主要归功于希腊首都旅游业的增长,尤其是中国游客的迅速增长:2017年访问雅典的1666286名游客中有23150人来自中国。卫城博物馆在2018年9月举办来自北京故宫博物院三个"皇家馆"的展览[1]。2018年

---

[1] Tzevelekou Vasiliki, "Rise in Visitors and Opening to China", *Efimerida ton Syntakton*, p. 33, 21-06-2018.

在北京首都博物馆则举办主题为"希腊人：从阿伽门农到亚历山大大帝"① 的展览。

贝纳基斯博物馆

贝纳基斯博物馆是一座位于雅典市中心广受欢迎的私人博物馆。它通过展出一些最稀有的中国瓷器来庆祝"中国希腊文化年"。几十年来，有 95 件这样的作品出现在公众的视野中，得到了游客和鉴赏家的赞誉。它们最初属于 G. Evmorfopoulos 私人收藏的 800 件作品中的一部分，然后由他在 20 世纪 30 年代捐赠给了贝纳基斯博物馆。中国瓷器的精美造型展现了这种艺术形式的古老技巧和创造力。此外，它们的展出也见证了西方世界与中国以及更广泛层面上的东方世界的普遍权力关系。

赫拉克莱冬博物馆

赫拉克莱冬博物馆坐落于雅典市中心的 Thyseion，毗邻雅典卫城的西南侧。赫拉克莱冬博物馆与位于北京的中国科技馆建立了密切的合作关系。在庆祝"中希文化交流和文化产业合作年"时，它们组织了一系列平行展览。赫拉克莱冬博物馆组织了一场以"中国古代科学技术"为主题的展览。该展览持续了很长时间，以便最大限度地供游客参观（2017 年 9 月至 2018 年 1 月）。此外，该博物馆与"古希腊科技研究学会"合作，在北京的中国科技馆共同举办了一个名为"Eureka"的展览。该展览也持续了很长时间（2017 年 10 月至 2018 年 3 月），为中国观众奉献了一场独特而壮观的视觉盛宴。精选展品包括一些最令人惊叹的古代技术成就，包括著名的安提开塞拉机械装置和一些有趣的古代造船技术②。

地方博物馆也在"中希文化交流和文化产业合作年"框架

---

① http：//www.greece-china2017.gr/en/cultural-relations.

② http：//www.chnmuseum.cn/Default.aspx? TabId = 1834&InfoID = 114172&frtid = 40&AspxAutoDetect CookieSupport = 1.

下举办了一些展览。如成立于 1928 年的科孚岛亚洲艺术博物馆，其最早的重要藏品来自私人捐献，并由此开始发展。据称，科孚岛亚洲艺术博物馆拥有超过 15000 件藏品，其中包括 3500 件中国艺术品，在全球享有盛誉。索弗里丝绸博物馆是另一个有地方机构参与的例子。索弗里是色雷斯的一个城市，位于希腊东北部，与土耳其和保加利亚接壤。索弗里丝绸博物馆不仅与中国丝绸博物馆签署合作协议，也与比雷埃夫斯文化联盟签署了合作协议。索弗里丝绸博物馆通过举办展览、教育和研究活动，以庆祝"中希文化交流和文化产业合作年"。未来，它的目标是通过努力参与"一带一路"建设，进一步加强与中国伙伴的合作关系。

5. 媒体和传播

在数字媒体应用和传输渠道不断向前发展的时代，中国通过自己的建设性方式，利用数字化来实现广泛的社会效益和进步。事实上，中国在数字软件应用领域以及创新工业产品方面都是全球强大的竞争者之一。笔者在这里将介绍一些信息和通信领域的合作案例，包括各类媒体（纸质、电子或数字），它们超越边界将人们联系起来。笔者首先介绍现有的"信息渠道"，然后介绍高级媒体应用案例和富有雄心的项目。

（1）信息和通讯媒体

出版物

希腊中国友好协会主办的《中国—希腊纪事》杂志以中文在希腊出版，不仅为中国侨民服务，也为中国的希腊人朋友服务。该协会是一个民间社会团体，最初被称为"新中国之友协会"。它由 Nikolaos 和 Beata Kitsiki 以及一群联合创始人朋友和团体成员共同建立，其中包括艺术家和知识分子等公众人物。该协会的宗旨是加强中希文化关系。除了《中国—希腊纪事》之外，其活动内容还包括"中国语言研讨会"、图书馆运作、组织文化活动、推广旅游业，以及企业创业计划等。

中国国际广播电台

在中国，中国国际广播电台提供了希腊语服务，是中国使用希腊语传播信息的主要媒介。中国国际广播电台定期通过几种模式传播：针对阿提卡地区的调频广播、特殊的手机应用程序以及社交媒体。此外，自2009年以来，中国国际广播电台还开设了一个希腊语网站（www.greek.cri.cn），以连接希腊、塞浦路斯和中国的民众。据说该网站有趣而富有效益并且定期更新。

新闻机构网站

希腊国家通讯社—新华社合作平台。2017年，希腊新闻机构——希腊国家通讯社与中国同行新华社合作推出一个联合网站。该网站内容涵盖相互关联和共同感兴趣的新闻，使用希腊语和英语制作。各种中希事务、发展和双边关系的信息可以立即得到报道和传播。

民间社会网站 www.chinaandgreece.com

该网站是中希传播媒体领域的一个私人网站，由 George Tzogopoulos 先生经营的一家名为"Sinoellhnikh"的公司在 chinaandgreece.com 域名下推出。它是中希跨国性新兴领域的数字化投入的代表。该网站为两国感兴趣的民众，特别是那些从事商业和贸易的人士，提供了一个信息平台。它关注两国之间的商业机遇，并优先考虑房地产交易领域中的销售和咨询事宜①。"丝绸之路"建设不断产生各类项目，并展现出新的发展与合作前景。因此，尽管存在距离或差异，但两国之间相互接近的努力有增无减。

（2）数字产品制作计划：希腊的中国影音公司

中国最大的两家在线平台公司，即"爱奇艺—百度"和

---

① George Tzogopoulos 也在中国的英文国际刊物上发表文章。

"阿里巴巴—优酷",表现出它们在希腊制作影音内容的兴趣。据报道,爱奇艺属于中国最受欢迎的在线娱乐公司之一[1]。爱奇艺总裁龚宇先生对希腊的影视优势表示赞赏,并确认该公司有意在希腊制作视听广播内容。爱奇艺与希腊有关当局举行会谈,之后,希腊新闻与通讯总秘书长 Lefteris Kretsos 先生于 2018 年 6 月访问中国,并开展了相关事务的谈判。优酷的代表也表达了同样的兴趣,并宣布了未来的计划。优酷的网站编辑张丽娜女士、副主席杨女士和文化节目制作总监,表示他们公司打算在希腊制作视听作品和其他文化内容。希腊方面立刻对此做出了回应:Kretsos 先生在参观上海国际电影节开幕式期间宣布为在希腊开展的视听作品项目实行投资激励[2]。该政策涉及财务退费规定,相当于向大约 100 名符合条件的中国制造商提供 25% 的现金回赠。针对这一提议,部分中国公司同意在今后一段时间内在希腊制作四部电影。因该政策获得的回应积极,希腊当局遂将退费比例提高至 35%。预计将有具体的制作项目成果和模式出炉。

希腊被视为一种生产"环境",而它本身对外国直接投资和相关的商业活动抱有浓厚的兴趣。但是,此类商业交易不涉及联合制作伙伴关系,而仅仅是简单的商业活动和以寻求利润为目的。它们与上文讨论过的交换项目不同,必须将它们与"平等条件"下的联合制作模式区分开。与之前的文化合作项目相比,例如欧盟"MEDIA"计划中的适用条件,或对应的欧洲理事会的"欧盟电影基金"项目,可以发现有待于得到适当评估的重要差异。

---

[1] http://www.greece-china2017.gr/en/cultural-relations.
[2] 它是中国最大的、历史最悠久的电影展,也是太平洋地区最大的电影展之一。

（四）超越分歧的文化联系

中希两国几乎在所有方面都有不同之处。在规模、人口、自然资源和政治制度等方面都有明显的差异。中国是世界上人口最多的国家，而希腊只有大约1000万人口。中国有着广袤的土地，而希腊则是偏居一隅。两个国家在政治和经济上也截然不同。希腊是一个西方资本主义市场经济体，而中国尽管已经加入了世贸组织，允许自由资本市场力量发挥作用并接受外国直接投资，但仍是一个国有经济占主导地位的国家。"入世"之后，中国经济一直保持增长，目前已经是世界最大的经济体之一。中国不断增长的经济实力体现在对国际事务的热情参与，收购希腊的比雷埃夫斯港就是其中一例。与中国相反，自2010年以来，希腊一直在经历最严重的债务危机，经济严重衰退。尽管如此，它仍然是一个充满希望的经济体，并不断寻求外国投资。

中华人民共和国是联合国安理会中五个常任理事国之一，这赋予其极强的国际政治影响力。希腊是欧盟成员国，同时也是北约成员国。在文化差异方面，联合国教科文组织批准了18处希腊古迹和遗址为世界文化遗产，而中国在这方面的数量则翻倍：有36处遗址被列为世界文化遗产。

虽然相距遥远，但中希两国都享有独特的、拥有灿烂文明的"声誉资本"。中希两国的古老文明在哲学、数学、天文学、戏剧、绘画、科学和技术等领域都取得了辉煌的成就。他们独特的古代语言是传播世界上最古老的哲学思想和人文主义价值观的工具。它们在世界文化中的地位得到广泛认可。无论是由于文化遗产还是政府政策，两国在国际关系中都具有共同的立场。它们捍卫和平，主张通过外交对话而不是军事干预来解决冲突。两者都支持可持续性发展协议，如 2015 年巴黎气候变化协定。两国之间的相似性在某些"观察方式"中也可以看到。中国人的观察方法倾向于整体的视角，而西方人倾向于个体主义的观察方式，并将事物割裂开来。文化观察模式决定了更广泛意义上的观念和生活立场，影响着人们的心态、结构和社会关系。由于拜占庭遗产的影响，希腊在这方面处于一种位于东西方之间的中间位置。这种粗略的比较表明中希存在相似性，同时也形象地揭示了一种有趣的互补性，不仅突出了潜在的可能性，也反映了两国之间进一步发展文化关系存在的局限性。

我们的时代是"全球化的时代"，其特点是密集的和跨国性的交流不断发生，由此促进了公共代理的兴起。当代的各种交往和项目越来越多地由民间社会机构、团体或个人发起。在传统的国际关系中，行动权属于国家。现在，这种情况正在改变。关注文化政策的不只是国家行为体；这在中希关系中得到了证明。人们可以找到许多商业投资和其他参与者的例子。除了中远集团收购比雷埃夫斯港外，还有更多的商业活动出现。让我们来观察另外一个领域：5 个中国城市已经与希腊城市结为"姐妹城市"①。这种"友好城市"的发展模式通常会削弱中央政府的作用，因为关键角色是"次政治"的市政当局。所有交流活动都涉及旅游，因此旅游业得到了蓬勃发展。正如雅典国立卡波季斯特里安大学将研究与商业相结合，文化政策也会外溢到经济领域。因此，最初作为文化政策的事物会产生经济效益和企业收益。此类例子可能造就整体的社会福利。然而重要的是，它们还将其扩散到社会成员来扩大代理范围。

---

① https://www.epoli.gr/synergasia-adelfopoiisi-polewn-elladas-kinas-a-93522.html. 这些城市包括：上海和比雷埃夫斯（1985 年）、咸阳和纳夫普利翁（1997 年）、沈阳和塞萨洛尼基（2005 年）、北京和雅典（2005 年）以及西安和卡拉玛塔（2009 年）。

（五）结束语：成就和前景

中国国家主席习近平在访问希腊期间曾表示："中国高度重视与希腊的关系"；"中国愿同希方一道，开启中希合作的新纪元，推动中希全面战略伙伴关系继续深入发展"。值得注意的是，他还补充道："希腊是中国在欧盟内友好、可信赖的国家。[①]"这种立场是相互的：十年之内有两位希腊总理正式访华，分别是2006年的科斯塔斯·卡拉曼利斯先生和2016年的阿莱克西斯·齐普拉斯先生。两人都赞扬了两国之间的良好关系，并承诺将致力于进一步改善关系。希腊文化部部长重申希腊愿意继续推动两大文明之间的地理文化的衔接。事实上，希腊的地理位置和文化地位使其在东西方关系中扮演了催化剂的角色，是促进东西方关系发展的积极要素。在新千年里，中希文化关系将基于"一带一路"建设而得到发展。像全面战略伙伴关系框架（2006年）这样的外交政策对于显著增强双边关系至关重要。通过全面战略伙伴关系，沟通和交流路径拓宽了，不仅改善了两国之间的文化关系，也改善了两国之间的经济关系。

本部分回顾了当代中希关系中的官方文化外交，描绘了教育、书籍、博物馆和传播媒体领域的具体发展，所有这些都得到了很大的提高。文章特别指出了那些正在推进中的促进双边关系的项目。显然，一些倡议是民间社会团体或个人与国家机构合作提出的，这凸显了文化外交在跨国关系中的重要性[②]。文

[①] 习近平主席于2014年访问了罗德岛，并于2017年正式访问了雅典。http://english.mofcom.gov.cn/article/newsrelease/counselorsoffice/bilateralexchanges/201708/20170802623137.shtml。

[②] 文化外交很大程度上体现在跨国而非国际关系层面的项目和问题上，从而将"次政治"社会代理人纳入其中并激活合作伙伴和个体。

化外交是互惠发展全面关系的基础，是通过跨国性促进福利的创造性载体，以推动实现互利共赢。在这样的框架中，项目或交流活动也由社会代理人执行；如果公平开展，他们就会带来社会福利。这里揭示的中希合作具有积极的特征，并提供了关于软实力的一个例子，而互惠原则和对等原则也蕴含在中国和希腊这对关系中。

两国之间的文化和经贸关系产生了人员往来的相应增长。然而，正如上文指出的那样，由于缺乏足够的双语人才，社会文化互动仍然存在问题。现在，没有足够的希腊人熟练地使用中文，也没有足够的中国人掌握希腊语。语言服务的需求超过供给。然而，沟通至关重要，而语言正是基础。因此，需要采取进一步的措施。当然，这种情况与更广泛层面的东西方关系有关，反映出西方对中国的一种怀疑甚至是对抗的态度。在任何特定人群中可以学到多少种外语？国家行为体在传播语言方面的竞争是与经济目标相挂钩的。特别是在被"象征性规模经济"统治的时代，外语教学中的竞争优先事项至关重要，因为它们可以赋予经济普遍性和支配权。

在我们的哲学中，文化关系超越了直接的利润追求。可行的和持久的文化关系必然需要建立在平衡的和互惠互利的交流之上。除非如此，否则关系注定会遭受挫折。评估中希文化交流，特别是在互惠性和平衡性方面，我们发现有趣而又混合的结果：一定的互惠性和更多的互补性。

经济是否会促进文化，或反之亦然？其实两者都是存在的！然而，持怀疑态度的分析家认为，中国在文化政策的掩护下推进经济目标[①]。值得注意的是，在当代资本主义中，"文化就是

[①] "中国正在用文化外衣装扮其经济政策，因为它正在与其他国家合作采取和实施关于旅游业的联合政策，促进赴中国旅游，并正在建立研究所和基金会，以传播有关其哲学和文化的信息。"（Sklias et al. 2011）

经济",这是由于符号商品和价值观的高度的商品化。正因如此,关于经济优先还是文化优先的难题,就变成多余的了。在21世纪,这一问题的解决不能简单用"经济基础决定上层建筑"来比喻。两国文化交流当然与战略性投资有关。无论如何,如果没有文化关系和贸易,任何社会都无法生存。中希两国在文化外交方面采取了大胆而积极的步骤。这些事件积累起来展示了一项了不起的成就。联合文化措施促进了新的亲密的和生机勃勃的关系。到目前为止,更广泛层面上的国际政治和贸易氛围有利于这一势头。但是,这一势头能否持续发展依然有待观察。

四 中国人眼中的希腊
——中国学界和媒体对希腊的研究和报道（1949—2019年）[①]

（一）研究说明

1. 研究背景及目标

为了更加客观、全面地梳理和总结中国在"希腊研究"领域的相关成果，有效推动政策和学术交流、做好智库协调工作，中国社会科学院17+1智库交流与合作网络联合CNKI中国科学文献计量评价研究中心开展了中国"希腊研究"中文文献大数据分析研究课题，并获得阶段性研究成果。

本部分主要基于CNKI 1949—2019年收录的期刊论文、博硕士学位论文、会议论文和报纸文章共29564篇中文文献（统计时间截至2019年8月），并以《中国引文库》为统计源分析文献的学术影响力，包括《中国学术期刊（网络版）》《中国博士学位论文全文数据库》《中国优秀硕士学位论文全文数据库》《中国重要会议论文全文数据库》的引文数据。运用文献计量学和对比分析方法，从发展趋势、研究热点、研究机构和学者、

[①] 本部分内容由《中国学术期刊（光盘版）》电子杂志社有限公司、中国科学文献计量评价研究中心、中国社会科学院17+1智库网络联合撰写。张义川、林丹丹和刘作奎对本部分的形成做出了主要贡献。

高影响力文献、传播载体和地区分布等角度，定量分析了中国在"希腊研究"领域相关中文文献的各项评价指标和数据，以客观揭示该领域的研究水平和发展态势，并据此指出存在的问题，提出发展建议。

希望通过这些数据和案例分析，能为中国—希腊合作机制的不断深化、学术机构和智库的发展规划、学者的研究方向以及期刊的组稿审稿等创新发展提供一种基于大数据的分析方法和科学决策参考依据。

2. 数据来源及统计范围

（1）数据来源：本报告数据来自于《中国学术期刊网络出版总库》《中国博士学位论文全文数据库》《中国优秀硕士学位论文全文数据库》《中国重要会议论文全文数据库》《国际会议论文全文数据库》和《中国重要报纸全文数据库》，期刊文献选取可被引文献。

（2）时间范围：文献发表时间为1949—2019年（1949年1月1日—2019年8月6日），被引频次和下载频次更新时间为2019年8月6日。

（3）检索条件：文献篇名或关键词（无关键词则选择机标关键词）中含有"希腊 OR 古希腊 OR 中希 OR 中希关系"等与中国"希腊研究"紧密相关的主题词。

3. 成果分类

为进一步分析不同类型成果的研究特征和发展趋势，将中国"希腊研究"相关中文文献按以下条件分为三类成果库，其成果数量及分布如图4-1所示。

（1）学术成果库：以中国社会科学院《中国人文社科学期刊 AMI 综合评价报告（2018年）》（简称"社科院核心期刊"）收录期刊为限定范围，中国"希腊研究"文献共计7431篇。

（2）学位论文库：博士、硕士学位论文，中国"希腊研究"文献共计 643 篇。

（3）媒体成果库：报纸文章、会议论文、非社科院核心期刊论文，中国"希腊研究"文献共计 21490 篇。其中报纸文章 7347 篇、会议论文 427 篇、非社科院核心期刊论文 13716 篇。

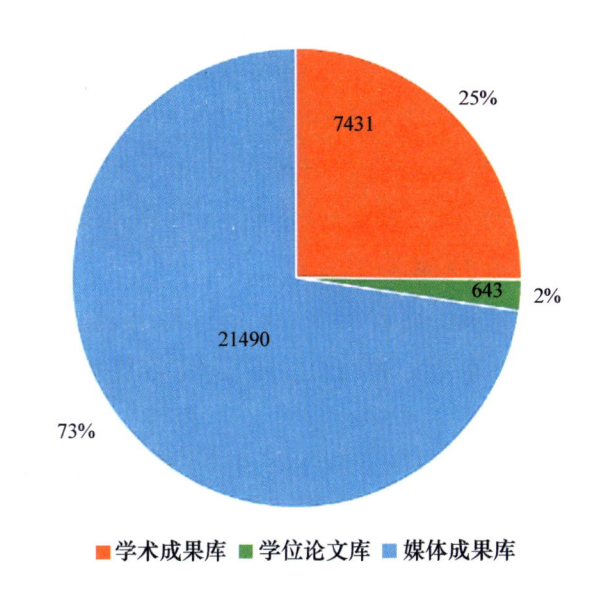

图 4-1　1949—2019 年中国"希腊研究"三类成果库数量及占比

4. 研究方法

文献计量学（Bibliometrics）是采用数学、统计学等方法研究文献和文献工作系统的数量关系与规律的学科，也被称为"科学计量学（Scientometrics）"或"信息计量学（Informetrics）"，是一门实践性、应用性非常强的学科。它以科学文献的外部特征为研究对象，研究文献的分布结构、数量关系、变化规律和定量管理，进而探讨科学技术的某些结构、特征和规律。

早期的文献计量学研究主要手段为书目分析法、引文分析法、以指南和联合目录为数据来源的研究等方法，随着文献信息资源的电子化、数字化、网络化以及先进的数学理论和分析工具的产生，文献计量学的研究内容和手段得以极大扩展。目前全文数据库提供了文献文本中的任何知识单元作为检索和统计的基本单位，文献计量学的计量单元已从以文献单元包括其中的标引项作为统计单位的计量，逐渐深入到文献的内部知识单元和相关信息中，包括题名、主题词、关键词、词频、引文信息、著者、出版者、日期等，这些信息都能成为计量的对象。从研究手段上来说，计算机辅助统计分析方法和工具的产生和发展，为文献计量学研究提供了前所未有的便利。因而使得文献计量学能够更加准确地揭示出大量文献所包含的内在规律。

中国文献计量学的研究始于20世纪70年代末，经过40年的努力，迄今已形成理论、教育和应用全面发展的良好局面，并不断取得新的进展。以"文献计量"为主题进行检索，发现近十年与"文献计量"相关的论文数量逐年递增，且应用领域较为广泛。当前，文献计量学在核心期刊遴选、科学评价、学科现状研究与发展预测这三个较为成熟与完善的领域应用较多，其中在学科现状研究与发展预测领域的研究比重尤为突出。

5. 统计指标

（1）发文量：指某学科、某年、某作者、某机构或者某地区在期刊上发表论文的总篇数，反映了科研产出能力，是其科研水平和综合实力的体现。发文量可在一定程度上反映学科在某一时期内学术研究的活跃程度，以客观揭示学科发展的特点和趋势。

（2）被引频次：论文的累计被引频次（简称"总被引频次"）是指文献发表后截至统计时间被各类学术统计源文献（含期刊、博硕士学位论文、会议论文）引用的总次数，是全面衡量论文学术影响力的客观评价指标，反映了文献发表后被重视和使用的程度。

（3）篇均被引：指某学科、某年、某作者、某机构或者某地区在期刊上发表的论文的总被引频次与发文量的比值。

（4）下载频次：指文献发表后截止统计时间，在www.cnki.net中心网站上被下载的总频次，下载频次代表论文受阅读和受关注的程度。

（5）篇均下载：指某学科、某作者、某机构或者某地区在期刊上发表的论文的总下载频次与发文量的比值。

（6）h指数：指在一定时间内某作者、某机构发表的论文至少有h篇的被引频次不低于h次，作者或者机构h指数越高，则表明其产出高影响力论文的能力越强。

（7）期刊复合影响因子：期刊复合影响因子（U-JIF）是指某期刊前两年发表的可被引文献在统计年被复合统计源引用总次数与该期刊在前两年内发表的可被引文献总量之比。计算公式为：

$$\text{U-JIF} = \frac{\text{某期刊前两年发表的可被引文献在统计年被复合统计源文献引用的总次数}}{\text{该刊前两年发表的可被引文献总量}}$$

（8）期刊影响力指数CI：期刊影响力指数（Academic Journal Clout Index，简称CI），是反映一组期刊中各刊影响力大小的综合指标，它是将期刊在统计年的总被引频次（TC）和影响因子（IF）双指标进行组内线性归一后向量平权计算所得的数值，用于对组内期刊排序。计算公式为：

$$CI = \sqrt{2} - \sqrt{(1-A)^2 + (1-B)^2} \tag{1}$$

其中 $A = \dfrac{IF_{个刊} - IF_{组内最小}}{IF_{组内最大} - IF_{组内最小}}$ $\quad A \in [0, 1]$

$B = \dfrac{TC_{个刊} - TC_{组内最小}}{TC_{组内最大} - TC_{组内最小}}$ $\quad B \in [0, 1]$

CI的几何意义如下：

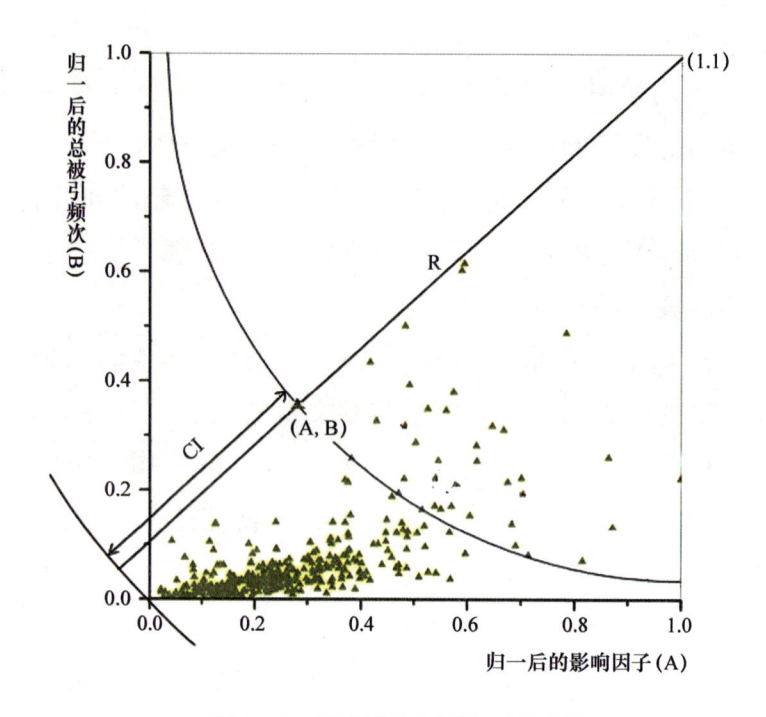

图 4-2 期刊影响力指数 CI 示意图

如图 4-2 所示,(0,0) 代表影响因子和总被引频次均为 0 的期刊。右上角的点(1,1) 代表影响因子和总被引频次均为最大值的组内 "影响力最大期刊"。以(1,1) 为原点画圆弧,弧线即影响力等位线,弧线上的各点表示其 CI 值大小相等的期刊。分布在弧线左下方的点对应的期刊其相对影响力小于分布于弧线右侧的期刊。可以形象地看到,期刊的 CI 值越大,该刊距组内 "影响力最大期刊" 的差距越小。

(二) 中国"希腊研究"的总体现状与发展趋势

1. 总体现状及发展趋势

发文量可在一定程度上反映学科领域在某一时期内学术研究的活跃程度,以客观揭示学科发展的特点和趋势。数据检索和统计发现，1949—2019年中国知网收录的期刊、会议、博硕士学位论文、报纸文章中关于"希腊研究"的中文文献共计29569篇。其中期刊论文21149篇，博硕士学位论文646篇，会议论文427篇，报纸文章7347篇。从历年发文量来看，1949—1976年中国"希腊研究"中文文献产出相对较少，均不超过20篇；1978年以后发文量快速增长，尤其是最近10年（2009—2018年），年均发文1542篇，其中2011年、2012年和2015年更是高达2000篇以上，说明"希腊"相关话题越来越受到中国学术界和新闻界的关注、成果产出越来越多。通过各年基金资助文献量对比发现，2003年前获得基金资助的文献数量相对较少，均不超过10篇，2004年开始快速增长，尤其是在2011—2018年，均超过了100篇，表明有关中国"希腊研究"越来越受到国家和社会各界的持续重视，受资助力度不断提高。（参见表4-1、表4-2、图4-3）

表4-1　　1949—2019年中国"希腊研究"历年发文量统计

统计年	1950	1951	1952	1953	1954	1955	1956	1957	1958
发文量	2	4	2	1	5	3	11	14	10
统计年	1959	1960	1961	1962	1963	1964	1965	1966	1973
发文量	20	10	15	14	20	11	3	1	1
统计年	1975	1976	1978	1979	1980	1981	1982	1983	1984
发文量	4	3	22	47	85	122	154	175	198
统计年	1985	1986	1987	1988	1989	1990	1991	1992	1993
发文量	229	242	269	303	251	255	227	264	273
统计年	1994	1995	1996	1997	1998	1999	2000	2001	2002
发文量	472	466	446	458	454	488	563	532	758
统计年	2003	2004	2005	2006	2007	2008	2009	2010	2011
发文量	832	1109	953	797	960	1085	1113	1760	2123
统计年	2012	2013	2014	2015	2016	2017	2018	2019	
发文量	2241	1334	1327	2270	1199	1150	906	498	

表4-2 1949—2019年中国"希腊研究"历年基金资助文献量统计

统计年	1985	1993	1996	1997	1998	1999	2000	2001	2002
基金资助文献量	2	1	2	2	1	5	5	3	4
统计年	2003	2004	2005	2006	2007	2008	2009	2010	2011
基金资助文献量	8	18	14	18	37	43	52	65	101
统计年	2012	2013	2014	2015	2016	2017	2018	2019	
基金资助文献量	101	102	113	118	126	115	133	46	

图4-3 2009—2018年中国"希腊研究"历年发文量及基金资助文献量变化趋势

2. 学术成果库历年发文统计及趋势分析

1949—2019年，中国"希腊研究"学术成果库（社科院核心期刊发文）总量为7431篇。表4-3和表4-4分别为各年发文量和基金资助文献量统计，图4-4展示了2009—2018年发文量和基金资助文献量变化趋势。由图4-4分析可得，2009年以来中国在"希腊研究"领域的学术成果产出总体呈递减趋势，2009—2013年各年均保持在200篇以上，2016—2018年则不足150篇。而2009—2018年有关"希腊研究"的基金资助文献量总体仍呈波动性增长趋势，说明受资助力度在不断提高。这种现象需要引起学术界重视，进一步分析原因。

表4-3 1949—2019年学术成果库中国"希腊研究"历年发文量统计

统计年	1954	1955	1956	1957	1958	1959	1960	1961	1962	1963
发文量	2	2	7	11	7	19	3	6	8	13
统计年	1964	1965	1975	1976	1978	1979	1980	1981	1982	1983
发文量	6	1	1	1	12	30	61	85	104	109
统计年	1984	1985	1986	1987	1988	1989	1990	1991	1992	1993
发文量	123	138	161	179	218	178	179	158	168	171
统计年	1994	1995	1996	1997	1998	1999	2000	2001	2002	2003
发文量	224	245	216	214	197	201	195	188	187	204
统计年	2004	2005	2006	2007	2008	2009	2010	2011	2012	2013
发文量	237	191	196	261	230	230	271	227	231	250
统计年	2014	2015	2016	2017	2018	2019				
发文量	198	190	131	149	141	66				

表4-4 1949—2019年学术成果库中国"希腊研究"历年基金资助文献量统计

统计年	1993	1996	1997	1998	1999	2000	2001	2002	2003
基金资助文献量	1	1	2	1	3	3	2	4	6
统计年	2004	2005	2006	2007	2008	2009	2010	2011	2012
基金资助文献量	15	9	12	29	28	30	39	63	62
统计年	2013	2014	2015	2016	2017	2018	2019		
基金资助文献量	69	64	66	53	63	81	25		

3. 学位论文库历年发文统计及趋势分析

1949—2019年中国"希腊研究"学位论文库（博士、硕士学位论文）总量为643篇。各年论文数量统计如表4-5所示，

76 国家智库报告

图 4-4　2009—2018 年学术成果库中国"希腊研究"历年
发文量及基金资助文献量变化趋势

可以看出中国博硕士学位论文在"希腊研究"领域从 2000 年开始才有一定的科研产出。从图 4-5 近 10 年（2009—2018 年）发文量变化趋势来看，2009 年以来中国"希腊研究"的相关博士、硕士学位论文产出数量总体具有一定的波动性。从 2009 年的 33 篇快速增长至 2012 年的 66 篇，之后又有所回落，2014—2018 年发文量均小于 50 篇。

表 4-5　2000—2018 年学位论文库中国"希腊研究"历年发文量统计

统计年	2000	2001	2002	2003	2004	2005	2006	2007	2008	2009
发文量	4	1	2	6	12	18	28	47	34	33
统计年	2010	2011	2012	2013	2014	2015	2016	2017	2018	2019
发文量	48	55	66	58	44	48	45	39	46	9

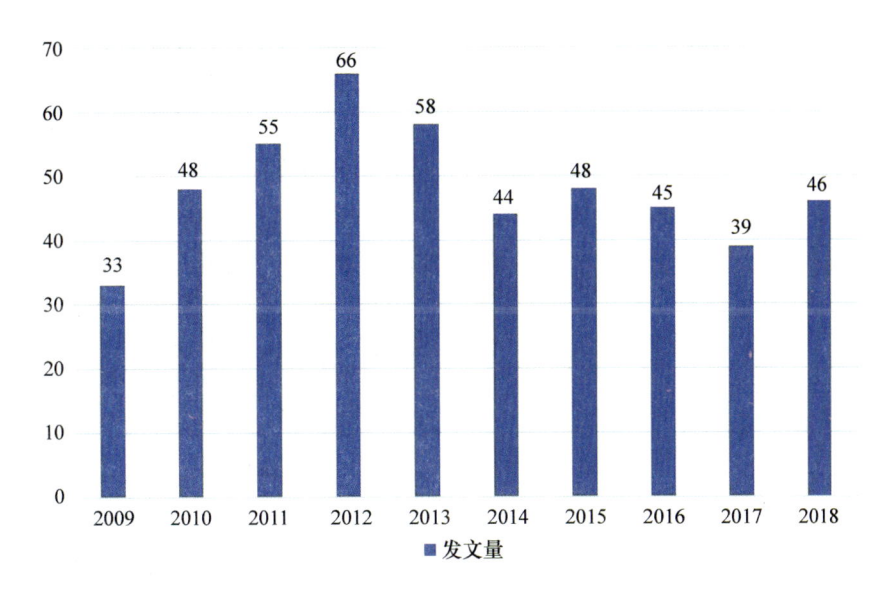

图 4-5 2009—2018 年学位论文库中国"希腊研究"历年发文量变化趋势

4. 媒体成果库历年发文统计及趋势分析

由中国"希腊研究"相关报纸文章、会议论文、非社科院核心期刊论文组成的媒体成果库数量相对较多,共计 21490 篇文献。表 4-6 和表 4-7 分别为各年发文量和基金文献数统计,图 4-6 展示了 2009—2018 年发文量和基金资助文献量变化趋势。由图 4-6 分析可得,媒体成果库中"希腊研究"的成果数量从 2009 年的 850 篇快速增长到 2012 年的 1944 篇,之后又有所回落,除 2015 年发文量达到峰值(2032 篇)外,其他年份均在 1000 篇左右。2009—2016 年基金资助文献量呈现波动性增长趋势,2017—2018 年又有所下降。

表 4-6 1949—2019 年媒体成果库中国"希腊研究"历年发文量统计

统计年	1950	1951	1952	1953	1954	1955	1956	1957	1958
发文量	2	4	2	1	3	1	4	3	3
统计年	1959	1960	1961	1962	1963	1964	1965	1966	1973
发文量	1	7	9	6	7	5	2	1	1

续表

统计年	1975	1976	1978	1979	1980	1981	1982	1983	1984
发文量	3	2	10	17	24	37	50	66	75
统计年	1985	1986	1987	1988	1989	1990	1991	1992	1993
发文量	91	81	90	85	73	76	69	96	102
统计年	1994	1995	1996	1997	1998	1999	2000	2001	2002
发文量	248	221	230	244	257	287	364	343	569
统计年	2003	2004	2005	2006	2007	2008	2009	2010	2011
发文量	622	860	744	573	652	821	850	1441	1841
统计年	2012	2013	2014	2015	2016	2017	2018	2019	
发文量	1944	1026	1085	2032	1023	962	719	423	

表4-7 1949—2019年媒体成果库中国"希腊研究"历年基金资助文献量统计

统计年	1985	1996	1999	2000	2001	2003	2004	2005	2006
基金资助文献量	2	1	2	2	1	2	3	5	6
统计年	2007	2008	2009	2010	2011	2012	2013	2014	2015
基金资助文献量	8	15	22	26	38	39	33	49	52
统计年	2016	2017	2018	2019					
基金资助文献量	73	52	52	21					

图4-6 2009—2018年媒体成果库中国"希腊研究"历年发文量变化趋势

（三）中国"希腊研究"的热点话题

1. 研究成果关键词分析

文献的关键词在很大程度上反映了文献的主要研究内容。通过统计发文高频关键词，可以分析该领域的主要研究方向和关注的热点话题。表4-8列出了1949—2019年中国"希腊研究"中文文献的高频关键词TOP 30，图4-7为高频关键词云图。数据统计显示，1949年以来中国"希腊研究"中文文献中，"希腊哲学家""古希腊神话""欧元区"是出现频次最高的三个关键词。其中"希腊哲学家"出现次数最多，高达4704次；其次是"古希腊神话"，为1512次；"欧元区"以1450次位列第三。此外，"债务危机""古希腊""希腊哲学""希腊政府"等关键词也出现较多。说明以上这些具体议题，是中国"希腊研究"领域最受关注的热点话题。

表4-8　1949—2019中国"希腊研究"中文文献高频关键词TOP30

序号	关键词	频次	序号	关键词	频次
1	希腊哲学家	4704	16	古希腊文化	494
2	古希腊神话	1512	17	希腊	487
3	欧元区	1450	18	齐普拉斯	455
4	债务危机	1358	19	雅典人	452
5	古希腊	1297	20	国内生产总值	441
6	希腊哲学	1213	21	古希腊文明	438
7	希腊政府	1188	22	救助计划	414
8	古希腊悲剧	794	23	古希腊语	411
9	主权债务	779	24	减记	397
10	希腊雅典	778	25	希腊队	393
11	欧元区国家	709	26	古希腊数学	392
12	古代希腊	641	27	希腊城邦	344
13	希腊神话	593	28	希腊文明	311
14	债务问题	540	29	救助方案	310
15	古希腊时代	516	30	斯巴达	301

图 4-7　1949—2019 中国"希腊研究"中文文献高频关键词云图

2. 最具关联性主题分析

为了进一步分析与中国"希腊研究"最具关联性的主题，根据关键词同时出现在一篇文献中的频次，对 1949—2019 年中国"希腊研究"中文文献的关键词对及其共现频次进行统计，表 4-9 列出了其中发文量大于 100 篇的关键词共现关系对。同时，利用软件对这些关键词进行共词网络关系的可视化分析，高频关键词之间的相互关系如图 4-8 所示。其中每个节点代表一个高频关键词，节点的大小代表该关键词在共词网络中出现的次数，节点之间的连线代表两个关键词具有共现关系，线段的粗细与这两个关键词共同出现在一篇文献中的频次呈正比，代表两个关键词之间的紧密程度。

数据显示，在 34 对发文量大于 100 篇的关键词共现关系对中，"欧元区"出现的频次最多（分别与"债务危机""希腊政府""主权债务""债务问题""齐普拉斯""减记""国内生产总值""救助计划""新民主党""欧洲金融""救助方案""财长会议""经济增长"等关键词共同出现），为 13 次。此外，"债务危机"次之（分别与"欧元区""主权债务""希腊政府""欧元区国家""债务问题""救助方案""救助计划""国内生产总值""齐普拉斯""欧洲金融"等关键词共同出现），为 10 次。说明中国"希腊研究"领域学者对这些关联性主题关注度较高，成果丰硕。从图 4-8 关键词共现图谱则可以直观看到，这些高频关键词网络相对复杂且相互连通，表明了中国"希腊研究"领域关键词之间关联密切，主题之间相关性较强。

表 4-9　　1949—2019 中国"希腊研究"中文文献关键词共现频次统计

序号	关键词 1	关键词 2	共现频次
1	欧元区	债务危机	471
2	债务危机	主权债务	358
3	债务危机	希腊政府	351
4	债务危机	欧元区国家	279
5	希腊政府	主权债务	278
6	欧元区	希腊政府	278
7	欧元区	主权债务	243
8	欧元区国家	主权债务	208
9	欧元区	债务问题	208
10	欧元区	齐普拉斯	195
11	欧元区国家	希腊政府	190

续表

序号	关键词1	关键词2	共现频次
12	欧元区	减记	158
13	债务危机	债务问题	150
14	欧元区	国内生产总值	149
15	欧元区	救助计划	147
16	债务危机	救助方案	145
17	债务问题	主权债务	140
18	债务危机	救助计划	135
19	古希腊神话	神话故事	129
20	债务危机	国内生产总值	127
21	课堂教学	希腊哲学家	124
22	欧元区	新民主党	124
23	古希腊悲剧	索福克勒斯	118
24	欧元区	欧洲金融	118
25	欧元区	救助方案	117
26	债务危机	齐普拉斯	115
27	债务危机	欧洲金融	113
28	欧元区国家	债务问题	112
29	埃斯库罗斯	古希腊悲剧	107
30	欧洲杯	希腊队	104
31	毕达哥拉斯	希腊哲学家	104
32	希腊政府	债务问题	104
33	欧元区	财长会议	103
34	欧元区	经济增长	101

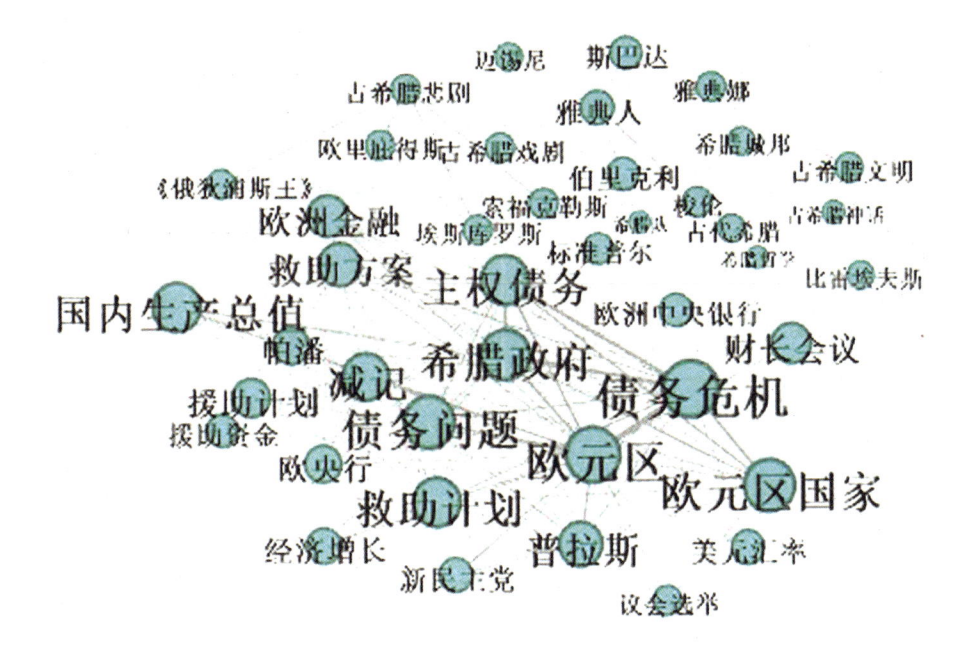

图 4-8　1949—2019 中国"希腊研究"中文文献关键词共现图谱

3. 学术成果库历年关键词分析（2009—2018 年）

历年高频关键词的变化则可以直接反映该研究领域的发展脉络和发展趋势。通过对 2009—2018 年学术成果库各年高频关键词 TOP 10 统计，可以发现中国"希腊研究"相关学术成果主要关注的主题相对比较集中，变化较小。如图 4-9 所示，"古希腊""希腊哲学""希腊神话"等关键词历年均有出现，频次也相对较高。此外，"主权债务""债务危机""欧元区""希腊共产党""希腊政府"等关键词在不同时期也有所出现，2018年则首次出现了"丝绸之路"。这说明近年来中国"希腊研究"的学术研究热点一直与希腊各个时期的经济、政治环境密切相关。

2009		2010		2011		2012		2013	
关键词	频次	关键词	频次	关键词	频次	关键词	频次	关键词	频次
古希腊	44	古希腊	33	古希腊	32	古希腊	23	古希腊	37
希腊	13	主权债务	28	希腊哲学家	16	希腊	13	希腊哲学	19
希腊哲学	13	希腊	21	希腊	14	希腊神话	12	古希腊悲剧	12
希腊哲学家	12	希腊哲学家	18	希腊神话	13	希腊哲学	11	希腊	11
希腊共产党	10	债务危机	17	希腊哲学	9	希腊哲学家	10	希腊哲学家	10
古希腊悲剧	8	希腊政府	16	古希腊悲剧	9	债务危机	9	希腊神话	9
古代希腊	7	古希腊哲学	11	主权债务	9	古希腊神话	8	古希腊神话	7
理性	6	金融危机	10	古希腊神话	7	欧元区	8	希腊共产党	6
希腊神话	6	希腊哲学	10	债务危机	7	古希腊悲剧	6	希罗多德	6
希腊城邦	6	希腊城邦	8	希腊化时期	6	希腊政府	6	雅典人	6
哲学	6	欧元区国家	8			新民主党	6		
						希腊债务危机	6		
						主权债务	6		

2014		2015		2016		2017		2018	
关键词	频次	关键词	频次	关键词	频次	关键词	频次	关键词	频次
古希腊	28	古希腊	32	古希腊	16	古希腊	16	古希腊	26
希腊哲学家	11	希腊哲学家	16	希腊神话	7	希腊	11	希腊	8
希腊神话	7	希腊	8	希腊哲学家	6	希腊神话	7	柏拉图	6
希腊共产党	6	古希腊神话	8	希腊哲学	4	希腊哲学家	5	希腊人	4
希腊	6	欧元区	6	希腊化	4	希腊哲学	4	希腊哲学家	4
希腊哲学	6	希腊神话	6	希腊共产党	4	亚里士多德	4	知识	3
古希腊神话	6	债务危机	6	古希腊哲学	4	希腊人	4	希腊化时代	3
古希腊语	5	希腊哲学	5	古希腊哲学	4	希腊共产党	4	文化记忆	3
西方古典	5	希腊化	5	古希腊神话	3	希腊悲剧	4	苏格拉底	3
希腊城邦	4	史诗	4	希腊精神	3	古希腊悲剧	3	丝绸之路	3
希腊悲剧	4	欧元区国家	4			古希腊神话	4		
希罗多德	4	马克思	4			阿喀琉斯	4		
古希腊文学	4	城邦	4			古希腊哲学	4		
神话	4					荷马史诗	4		

图 4-9 2009—2018 年中国"希腊研究"学术成果库各年高频关键词统计

4. 学位论文库历年关键词分析（2009—2018 年）

由于中国"希腊研究"相关博士、硕士学位论文的数量相对较少，考虑到参考价值，2009—2018 年学位论文库文献仅统计高频关键词 TOP 5。如图 4-10 所示，学位论文库的高频关键词也相对集中，"古希腊"或"希腊"在各年的关键词频次均排在前列，"希腊神话""希腊化""希腊悲剧"等关键词出现频次也相对较多。值得注意的是，2018 年关键词首次出现"一带一路"。总体来看，"希腊研究"相关主题在中国博士、硕士学位论文中的体现特征并不明显。

2009		2010		2011		2012		2013	
关键词	频次	关键词	频次	关键词	频次	关键词	频次	关键词	频次
古希腊	8	古希腊	10	古希腊	13	古希腊	13	古希腊	11
希腊	6	希腊	5	希腊悲剧	8	希腊神话	7	希腊	5
古希腊悲剧	3	古希腊神话	4	城邦	4	希腊	6	希腊神话	4
柏拉图	2	雅典	4	民族认同	3	古希腊悲剧	3	希腊债务危机	3
中国	2	希腊神话	3	希腊化	3	债务危机	3	希腊主权债务危机	2
				希腊人	3			主权债务	2
								主权债务危机	2
								债务危机	2

2014		2015		2016		2017		2018	
关键词	频次	关键词	频次	关键词	频次	关键词	频次	关键词	频次
古希腊	11	古希腊	8	古希腊	7	希腊神话	4	古希腊	9
神话	3	希腊神话	7	希腊化	3	古希腊	4	希腊	4
希腊	3	希腊	5	希腊	3	希腊	4	古希腊悲剧	3
希腊神话	3	古希腊悲剧	4	古希腊雕塑	2	希腊化	2	希腊神话	3
希腊文明	2	希腊化	2	古希腊哲学	2	悲剧精神	2	希腊神话	3
希腊化	2					古希腊悲剧	2	一带一路	3

图 4-10 2009—2018 年中国"希腊研究"学位论文库各年高频关键词统计

5. 媒体成果库历年关键词分析 (2009—2018 年)

图 4-11 列出了 2009—2018 年中国"希腊研究"媒体成果库文献的各年高频关键词 TOP 10。数据显示，2009 年以来媒体成果库出现最多的关键词经历了从"希腊哲学家"到"债务危机""欧元区"，再到"中东欧国家""一带一路"的不断转变。2016 年开始，"一带一路"首次出现，并呈现逐年上升趋势，在 2018 年以 79 次位于榜首。说明近几年媒体关注"希腊研究"的热点和焦点问题均与包括希腊在内的中东欧国家的整体战略部署关系密切。

（四）中国"希腊研究"的机构和学者

1. 主要学术机构和智库分析

为了客观衡量主要学术机构和智库及其贡献率，报告对 1949—2019 年中国"希腊研究"中文文献发文机构的发文量、总被引频次、总下载频次和 h 指数等多项指标进行了详细统计，表 4-10 列出了发文量 TOP 30 机构及相关指标数据。其中，中国人民大学、北京大学、复旦大学等机构表现最为突出。中国人民大

2009		2010		2011		2012		2013	
关键词	频次	关键词	频次	关键词	频次	关键词	频次	关键词	频次
希腊哲学家	23	债务危机	351	债务危机	281	欧元区	517	希腊政府	61
希腊政府	15	希腊政府	232	欧元区	246	债务危机	268	希腊哲学家	53
国内生产总值	12	主权债务	199	希腊政府	195	希腊政府	220	波兰人	51
标准普尔	10	欧元区国家	141	主权债务	181	欧元区国家	219	欧元区	34
古希腊神话	7	欧元区	124	欧元区国家	129	减记	214	匈牙利人	20
希腊雅典	7	债务问题	89	债务问题	114	新民主党	149	债务危机	20
希腊哲学	6	国内生产总值	89	欧洲金融	110	国内生产总值	140	希腊哲学	19
欧元区	6	救助方案	62	救助方案	97	主权债务	140	东欧国家	19
债务危机	6	美元汇率	57	救助计划	66	议会选举	118	中东欧国家	19
债务问题	6	特里谢	57	希腊哲学家	59	救助计划	109	主权债务	18
主权债务	6							经济增长	18

2014		2015		2016		2017		2018	
关键词	频次	关键词	频次	关键词	频次	关键词	频次	关键词	频次
希腊哲学家	60	欧元区	354	中东欧国家	94	中东欧国家	83	一带一路	79
中东欧国家	43	齐普拉斯	323	中东欧	50	希腊哲学家	67	希腊哲学家	40
希腊哲学	40	债务危机	192	希腊哲学家	48	中东欧	50	中东欧	38
中东欧	36	债务问题	149	比雷埃夫斯	27	一带一路	30	中东欧国家	31
波兰人	32	希腊政府	113	齐普拉斯	26	波兰	22	救助计划	23
欧元区	29	资本管制	108	中东欧地区	22	古希腊神话	21	债务危机	22
比雷埃夫斯	28	救助计划	104	债务危机	18	欧洲一体化	19	匈牙利	16
债务危机	23	欧元区国家	102	欧元区	17	经济增长	18	欧元区	15
希腊政府	23	减记	76	波兰	16	中东欧地区	17	塞尔维亚	15
古希腊神话	21	希腊哲学家	73	匈牙利	15	欧元区	16	比雷埃夫斯	15
基础设施	21			一带一路	15				

图 4-11 2009—2018 年中国"希腊研究"媒体成果库各年高频关键词统计

学的发文量最多，为 237 篇；复旦大学的总被引频次和篇均被引频次最高，分别为 1085 次和 4.1 次/篇；北京大学则在总下载频次（101416 次）和 h 指数（17）两个指标上居于首位。另外，北京师范大学、武汉大学、华东师范大学等机构也有较高的贡献率。说明这些机构是中国"希腊研究"领域研究的主力军。

表 4-10 1949—2019 年中国"希腊研究"主要学术机构和智库发文量 TOP 30

序号	机构名称	发文量	总被引频次	篇均被引频次	总下载频次	篇均下载频次	h 指数
1	中国人民大学	237	565	2.38	70018	295	10
2	北京大学	222	910	4.10	101416	456	17
3	复旦大学	211	1085	5.14	99802	472	16
4	北京师范大学	190	802	4.22	82662	435	16
5	武汉大学	161	435	2.70	71980	447	9
6	华东师范大学	158	445	2.82	57745	365	9

续表

序号	机构名称	发文量	总被引频次	篇均被引频次	总下载频次	篇均下载频次	h 指数
7	东北师范大学	149	329	2.21	60410	405	9
8	上海师范大学	144	521	3.62	72197	501	13
9	南开大学	141	607	4.30	69585	493	15
10	华中师范大学	141	568	4.03	74069	525	13
11	证券时报社	140	—	—	1119	7	—
12	浙江大学	125	372	2.98	47625	381	10
13	清华大学	125	376	3.01	36309	290	11
14	山东大学	117	312	2.67	48572	415	9
15	南京大学	115	351	3.05	33677	292	9
16	吉林大学	110	391	3.55	45087	409	9
17	陕西师范大学	104	218	2.10	33025	317	7
18	南京师范大学	101	265	2.62	32863	325	9
19	四川大学	96	312	3.25	39705	413	9
20	首都师范大学	94	171	1.82	30495	324	8
21	湖南师范大学	90	275	3.06	41243	458	8
22	黑龙江大学	90	306	3.40	30006	333	7
23	西南大学	83	122	1.47	22547	271	5
24	中国社会科学院哲学研究所	82	385	4.70	30032	366	9
25	河南大学	81	219	2.70	26202	323	8
26	山西大学	73	264	3.62	23559	322	7
27	辽宁师范大学	70	116	1.66	27491	392	4
28	安徽大学	70	204	2.91	28075	401	5
29	辽宁大学	69	109	1.58	27405	397	5
30	苏州大学	67	311	4.64	25811	385	8

表4-11、图4-12还对2009—2018年中国"希腊研究"总发文量TOP 10机构及其各年度发文变化情况进行了详细统计和展示。从变化情况来看，这些机构的发文量均呈现一定的波动性。其中，证券时报社、中国人民大学、上海师范大学、武

表 4-11　2009—2018 年中国"希腊研究"总发文量 TOP 10 机构历年发文量统计

序号	机构名称	发文量	总被引频次	总下载频次	历年发文量 2009	2010	2011	2012	2013	2014	2015	2016	2017	2018
1	证券时报社	140	—	1119	2	22	29	65	2	4	14	2	0	0
2	中国人民大学	139	150	36067	12	14	9	13	27	16	16	9	15	8
3	北京大学	113	288	45082	10	8	13	15	14	2	20	9	15	7
4	复旦大学	106	277	34782	7	23	20	5	11	6	15	6	8	5
5	北京师范大学	95	181	35694	11	18	9	8	11	9	12	8	3	6
6	南开大学	84	114	24052	6	6	11	9	9	8	10	8	8	9
7	清华大学	79	104	18489	5	6	5	2	11	8	5	10	22	5
8	东北师范大学	78	91	27841	10	12	6	3	11	7	8	6	6	9
9	上海师范大学	77	122	31253	6	7	9	6	16	10	5	7	6	5
10	武汉大学	76	100	22708	10	6	6	16	5	6	10	6	6	5

汉大学发文量总体呈抛物线状态，在中间年份出现发文量峰值，北京大学、清华大学的发文量有所上升，复旦大学、北京师范大学的发文量有所下降，而南开大学、东北师范大学则相对稳定。

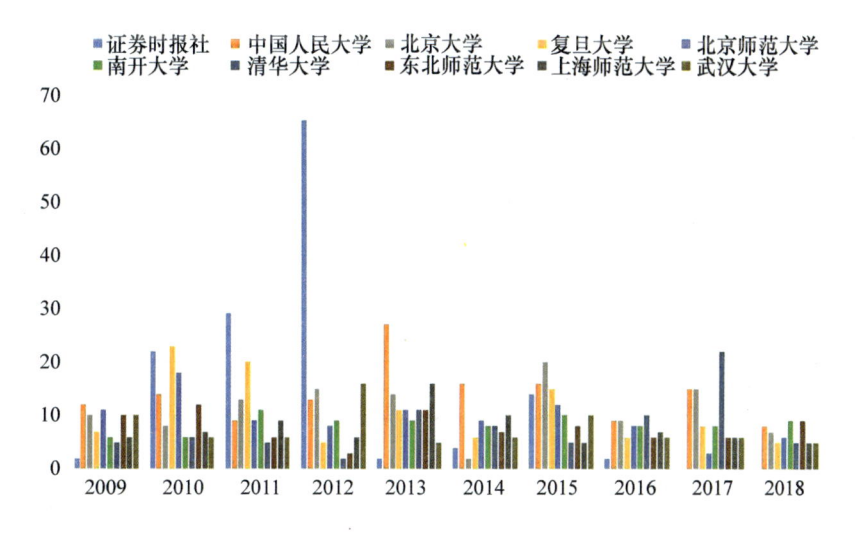

图 4-12 2009—2018 年中国"希腊研究"总发文量 TOP 10 机构年度发文量变化趋势

通过各年发文量 TOP 10 机构的对比，则可以在一定程度上展示出 2009—2018 年中国"希腊研究"领域各学术机构和智库的活跃度情况。图 4-13 分别列出了各年发文量 TOP 10 的学术机构和智库。其中，2009、2013 及 2014 年中国人民大学排名第一，2011、2012 年证券时报社排名第一，2010、2015—2018 年分别是复旦大学、北京商报、华东师范大学、清华大学、南京大学排名第一。另外，中国人民大学 2009—2018 年连续十年均榜上有名，北京大学 2011—2013、2015—2017 以及 2009 年发文量均位于 TOP 5。这说明，2009 年以来以上机构对中国"希腊研究"领域一直保持着较高的关注度和活跃度。

2009		2010		2011		2012		2013	
关键词	频次	关键词	频次	关键词	频次	关键词	频次	关键词	频次
中国人民大学	12	复旦大学	23	证券时报社	29	证券时报社	65	中国人民大学	27
北京师范大学	11	证券时报社	22	复旦大学	20	武汉大学	16	国务院发展研究中心	21
东北师范大学	10	北京师范大学	18	北京大学	13	北京大学	15	上海师范大学	16
北京大学	10	中国人民大学	14	黑龙江大学	11	中国人民大学	13	北京大学	14
武汉大学	10	山东大学	12	浙江大学	11	北京师范大学	11	南开大学	11
浙江大学	7	东北师范大学	12	河南大学	10	南方日报社	10	东北师范大学	11
湖南师范大学	7	浙江大学	11	首都师范大学	10	华中师范大学	10	复旦大学	11
复旦大学	7	西南大学	9	西南大学	10	兰州大学	10	清华大学	11
华中师范大学	6	华东师范大学	8	广东技术师范学院	10	吉林大学	9	吉林大学	11
南京大学	6	中国社会科学院	8	北京师范大学	9	南开大学	9	陕西师范大学	11
南开大学	6	华东大学	8	华东师范大学	9	首都师范大学	9		
兰州大学	6			华中师范大学	9				
上海师范大学	6			中国人民大学	9				
西南大学	6			上海师范大学	9				
四川大学	6								

2014		2015		2016		2017		2018	
关键词	频次	关键词	频次	关键词	频次	关键词	频次	关键词	频次
中国人民大学	16	北京商报	26	华东师范大学	12	清华大学	22	南京大学	10
山东大学	12	北京大学	20	清华大学	10	中国人民大学	15	南京师范大学	9
上海师范大学	10	中国人民大学	16	中国人民大学	9	北京大学	15	南开大学	9
浙江大学	10	复旦大学	15	证券时报社	9	上海外国语大学	10	东北师范大学	9
山西师范大学	9	证券时报社	14	北京师范大学	9	南京大学	9	中国人民大学	8
北京师范大学	9	华东师范大学	13	首都师范大学	8	辽宁大学	8	山东师范大学	7
华东师范大学	9	北京大学	12	浙江大学	8	复旦大学	8	四川大学	7
华中师范大学	8	武汉大学	10	南京大学	8	山东大学	8	北京大学	7
辽宁大学	8	南开大学	10	南开大学	8	南开大学	8	辽宁师范大学	7
南京大学	8	首都师范大学	9	陕西师范大学	8	西南大学	7	北京师范大学	6
陕西师范大学	8					首都师范大学	7	陕西师范大学	6
南开大学	8					华中师范大学	7		
清华大学	8					南京师范大学	7		

图 4-13 2009—2018 年中国"希腊研究"各年发文量 TOP 10 机构

2. 主要发文学者分析

除机构外，报告同时对 1949—2019 年中国"希腊研究"领域主要发文学者的各项指标进行了详细统计。表 4-12 列出了发文量 TOP 30 学者，说明这些学者在中国"希腊研究"领域产出成果较多。

在发文方面，除证券时报社记者吴家明（122 篇）外，首都师范大学晏绍祥教授和清华大学王晓朝教授的发文量较多，分别为 31 篇和 30 篇。

从发文的被引频次看，复旦大学黄洋教授以 313 次被引（11 篇发文，篇均被引频次高达 28.45 次），位列第一。首都师范大学晏绍祥教授位列第二，被引频次为 222 次。南开大学杨巨平教授位列第三，被引频次为 200 次。

从发文的下载频次看,晏绍祥教授以 24571 次位列第一,黄洋教授以 21801 次位列第二(篇均下载频次高达 1981 次),杨巨平教授以 21656 次位列第三。

表 4-12　1949—2019 年中国"希腊研究"主要发文学者 TOP 30

序号	作者	作者机构	发文量	总被引频次	篇均被引频次	总下载频次	篇均下载频次	h 指数
1	吴家明	证券时报社	122	—	—	936	7	—
2	晏绍祥	首都师范大学	31	222	7.16	24571	792	8
3	王晓朝	清华大学	30	47	1.57	6125	204	4
4	曲双石	国务院发展研究中心	26	—	—	25	1	—
5	杨巨平	南开大学	26	200	7.69	21656	832	9
6	陶凤	北京商报	22	—	—	119	5	—
7	赵林	武汉大学	20	68	3.40	14139	706	6
8	陈恒	上海师范大学	18	116	6.44	16756	930	7
9	徐晓旭	中国人民大学	18	156	8.67	16926	940	7
10	张锐	广东技术师范学院	17	80	4.71	5752	338	4
11	王喜满	中共中央编译局	16	40	2.50	3454	215	4
12	韩哲	北京商报	15	—	—	88	5	—
13	林玮生	广东省外语艺术职业学院	14	40	2.86	6570	469	4
14	刘欣然	江西师范大学	14	127	9.07	5995	428	7
15	曲双石	中国人民大学	14	—	—	18	1	—
16	王大庆	中国人民大学	14	35	2.50	6883	491	4
17	杨共乐	北京师范大学	13	30	2.31	8545	657	3
18	汪晓勤	华东师范大学	13	40	3.08	4129	317	4
19	徐松岩	西南大学	13	76	5.85	5614	431	6
20	章雪富	浙江大学	13	14	1.08	2652	204	2
21	郭小凌	北京师范大学	12	151	12.58	10612	884	8

续表

序号	作者	作者机构	发文量	总被引频次	篇均被引频次	总下载频次	篇均下载频次	h指数
22	吴晓群	复旦大学	12	24	2.00	4827	402	2
23	裔昭印	上海师范大学	12	86	7.17	10150	845	5
24	陈村富	浙江大学	12	76	6.33	4100	341	6
25	叶秀山	中国社会科学院哲学研究所	12	32	2.67	5842	486	4
26	陈东海	东航金融控股有限责任公司	11	—	—	80	7	—
27	黄洋	复旦大学	11	313	28.45	21801	1981	6
28	魏凤莲	鲁东大学	11	41	3.73	5437	494	4
29	苏振兴	河北师范大学	10	60	6.00	5287	528	4
30	徐传胜	临沂大学	10	5	0.50	569	56	2
31	阮炜	深圳大学	10	7	0.70	1655	165	2
32	姚介厚	中国社会科学院哲学研究所	10	37	3.70	5174	517	4
33	汪瑞	中国艺术研究院	10	1	0.10	2706	270	1

（五）中国"希腊研究"的高影响力文献

被引频次反映了文献被同行学者参考和借鉴情况，下载频次则体现了普通读者对文献的阅读和使用行为。分析1949—2018年中国"希腊研究"的高被引、高下载等高影响力文献，有利于进一步揭示该领域学者研究的重点和前沿问题、读者关注的现实和热点话题。

1. 高被引文献分析

表4-13列出了1949—2019年中国"希腊研究"期刊高被引文献TOP 10。数据显示，有关"中西思维方式""希腊哲学"

"希腊城邦""西方学术"等是1949年以来中国"希腊研究"领域最受学者关注的重点问题。高被引文献TOP 10广泛发表在多个期刊上,其中《哲学研究》独占两篇。

高被引文献中,排名第一的是2002年刊载于《外语与外语教学》的《论中西思维方式》一文,被引频次高达1306次,引起了学界的广泛关注。排名二、三位的分别是2001年刊载于《哲学译丛》的《晚期海德格尔的三天讨论班纪要》和刊载于《历史研究》的《希腊城邦的公共空间与政治文化》两篇论文,被引频次为585次和135次。

表4-13 1949—2019年中国"希腊研究"期刊高被引文献TOP 10

序号	篇名	作者	作者机构	刊名	发表年(期)	被引频次
1	论中西思维方式	连淑能	厦门大学外文学院	外语与外语教学	2002(2)	1306
2	晚期海德格尔的三天讨论班纪要	F. 费迪耶、丁耘	—	哲学译丛	2001(3)	585
3	希腊城邦的公共空间与政治文化	黄洋	复旦大学历史系	历史研究	2001(5)	135
4	奥林匹克运动的全球化与文化的多样性	任海	国家体育总局科研所	体育文化导刊	2002(1)	129
5	心理体验与幸福指数	邢占军	中国社会科学院社会学研究所	人民论坛	2005(1)	123
6	西方学术自由评析	陈列、俞天红	杭州大学高等教育研究所	高等教育研究	1994(2)	109

续表

序号	篇名	作者	作者机构	刊名	发表年（期）	被引频次
7	论实践智慧	洪汉鼎	北京市社会科学院哲学所	北京社会科学	1997（3）	107
8	市民社会	托马斯·卡罗瑟斯、薄燕	卡耐基国际和平基金会	国外社会科学文摘	2000（7）	105
9	中国哲学	金岳霖、钱耕森	安徽大学哲学系	哲学研究	1985（9）	105
10	亚里士多德的实践哲学及其现代效应	丁立群	黑龙江大学文化哲学研究中心、黑龙江大学哲学学院	哲学研究	2005（1）	99

2. 高下载文献分析

1949—2019 年中国"希腊研究"期刊高下载文献 TOP 10 如表 4-14 所示。下载频次最高的仍是 2002 年刊载于《外语与外语教学》的《论中西思维方式》一文，高达 14750 次。排名二、三位的分别是 1997 年刊载于《暨南学报（哲学社会科学）》的《对〈呼啸山庄〉中希斯克利夫与凯瑟琳的爱的原型分析》和 2003 年刊载于《南开学报》的《理性、人性和美——希腊神话拟人特征剖析》两篇论文，下载频次分别为 6390 次和 6054 次。同时，与期刊高被引文献 TOP 10 对比后可以发现，其中有 2 篇论文（分别为序号 1、6）既是高被引文献又是高下载文献。另外 8 篇高下载文献主要是关于"希腊神话""古希腊文化""古希腊悲剧"等方面的研究，说明相较而言读者更为关注这些重点话题。

表4–14 1949—2019年中国"希腊研究"期刊高下载文献TOP 10

序号	篇名	作者	作者机构	刊名	发表年（期）	下载频次
1	论中西思维方式	连淑能	厦门大学外文学院	外语与外语教学	2002（2）	14750
2	对《呼啸山庄》中希斯克利夫与凯瑟琳的爱的原型分析	蒲若茜	暨南大学新闻系	暨南学报（哲学社会科学）	1997（2）	6390
3	理性、人性和美——希腊神话拟人特征剖析	王以欣	南开大学历史学院	南开学报	2003（5）	6054
4	古希腊神话的人本精神及对西方文化的影响	纪琳	山东师大外国语学院	山东师大外国语学院学报	2001（2）	5190
5	古希腊文化对西方文化发展的影响	袁晓娟	安徽师范大学社会学院	湖南第一师范学报	2008（2）	5121
6	希腊城邦的公共空间与政治文化	黄洋	复旦大学历史系	历史研究	2001（5）	4922
7	希腊神话对现代英语文化的影响	陈彩芬、杨彩玉	东华理工学院外语系、东华理工学院外语系	北京第二外国语学院学报	2005（4）	4911
8	康养旅游：内涵解析与发展路径	任宣羽	四川大学商学院、攀枝花学院	旅游学刊	2016（11）	4760

续表

序号	篇名	作者	作者机构	刊名	发表年（期）	下载频次
9	古希腊悲剧美狄亚的女性悲剧形象及成因	张忠慧	天水师范学院外国语学院	科技信息	2009（17）	4486
10	民主还是暴政——希腊化时代与罗马时代思想史中的雅典民主问题	晏绍祥	华中师范大学人文学院	世界历史	2004（1）	4214

（六）中国"希腊研究"的主要传播载体

1. 主要发文期刊分析

学术期刊作为出版业的重要组成部分，是科研成果记录、发布和学术交流、传播的重要载体。表4-15列出了1949—2019年发表"希腊研究"相关论文数量TOP 30的学术期刊。根据《中国学术期刊影响因子年报》（2018版）统计，这30种期刊多为综合性人文、社会科学，艺术、哲学和历史类期刊，其中有8种综合性人文、社会科学学科期刊，7种艺术学科期刊、5种哲学学科期刊。TOP 30期刊中，发文量排名第一的是《世界历史》，发文量为120篇、总被引频次为906次、总下载频次为86318次，该刊的复合影响因子为0.617，主办单位为中国社会科学院世界历史研究所。排名第二的是《哲学研究》，发文量为118篇、总被引频次为1367次、总下载频次为66527次，其复合影响因子为1.04，主办单位为中国社会科学院哲学研究所。发文量排名第三的是由生活·读书·新知三联书店有限公司主办的《读书》，共计发文115篇、总被引频次为280次、总下载频次为 29167 次，期刊复合影响因子为 0.288。说明这些学术期刊是近 70 年来刊载"希腊研究"成果较多、影响力较大的期刊传播载体，建议该领域的机构和学者应重点关注。

表 4-15　1949—2019 年中国"希腊研究"主要发文期刊 TOP 30

序号	期刊名称	发文量	总被引频次	总下载频次	学科	复合影响因子	影响力指数 CI 值	CI 学科排序
1	世界历史	120	906	86318	历史	0.617	525.137	7/36
2	哲学研究	118	1367	66527	哲学	1.04	1414.214	1/18
3	读书	115	280	29167	文化与博物馆学	0.288	652.88	2/15
4	哲学动态	98	439	36307	哲学	0.586	690.243	4/18
5	外国文学研究	81	357	49521	文学	0.332	341.725	12/46
6	社会科学战线	78	298	26266	综合性人文、社会科学	0.663	208.596	19/625
7	历史教学	74	296	26304	教育	0.158	59.043	111/273
8	体育文化导刊	62	373	13049	体育	0.905	403.558	11/44
9	世界哲学	59	819	23239	哲学	0.379	285.479	10/18
10	戏剧文学	57	95	19580	艺术	0.085	136.667	34/68
11	历史教学问题	54	84	20350	教育	0.116	25.815	166/273
12	中国戏剧	53	72	6808	艺术	0.045	86.554	43/68
13	史学理论研究	52	276	27011	历史	0.442	386.05	14/36
14	学术月刊	51	148	16800	综合性人文、社会科学	1.224	276.029	6/625
15	自然辩证法研究	45	357	20877	哲学	0.687	721.561	3/18
16	历史研究	43	445	48847	历史	1.02	1391.758	1/36

续表

序号	期刊名称	发文统计数据			期刊评价指标			
		发文量	总被引频次	总下载频次	学科	复合影响因子	影响力指数CI值	CI学科排序
17	电影评介	41	29	7066	艺术	0.101	24.673	61/68
18	国外社会科学	39	50	4935	综合性人文、社会科学	0.778	116.126	78/625
19	文艺研究	38	117	10871	艺术	0.747	1403.775	1/68
20	求是学刊	38	148	14809	综合性人文、社会科学	1.083	132.927	55/625
21	美术大观	37	35	8057	艺术	0.095	37.382	54/68
22	上海师范大学学报（哲学社会科学版）	37	207	24754	综合性人文、社会科学	0.846	95.058	103/625
23	中国图书评论	37	32	6342	文化与博物馆学	0.155	183.572	8/15
24	戏剧艺术	35	102	7977	艺术	0.148	201.399	23/68
25	学习与探索	34	162	13243	综合性人文、社会科学	1.06	182.63	29/625
26	道德与文明	34	67	8756	哲学	0.536	402.108	7/18
27	学术研究	34	106	12059	综合性人文、社会科学	0.848	186.607	27/625
28	大舞台	33	34	3581	艺术	0.098	36.046	55/68
29	当代世界	31	78	4830	世界政治	0.874	202.396	26/49
30	齐齐哈尔大学学报（哲学社会科学版）	31	20	5438	综合性人文、社会科学	0.185	20.221	287/625

注：期刊评价指标数据来源于《中国学术期刊影响因子年报》（2018版）

2. 主要发文报纸分析

1949—2019年中国"希腊研究"中文文献中，报纸文章最多，为 7347 篇。发文量 TOP 30 的报纸如表 4-16 所示。其中，《中国证券报》的发文量高居第一位，为 408 篇，《人民日报》和《第一财经日报》分列二、三位，发文量为 400 篇和 347 篇。《光明日报》的总被引频次最多，为 94 次。《中国社会科学报》的总下载频次最高，为 13184 次。这些应当成为中国"希腊研究"领域机构和学者时常关注的报纸媒体。

表 4-16　1949—2019 年中国"希腊研究"主要发文报纸 TOP 30

序号	报纸名称	发文量	总被引频次	篇均被引频次	总下载频次	篇均下载频次
1	中国证券报	408	8	0.02	3688	9
2	人民日报	400	41	0.10	5530	14
3	第一财经日报	347	5	0.01	3146	9
4	上海证券报	342	8	0.02	3005	9
5	光明日报	279	94	0.34	11679	42
6	中国社会科学报	266	54	0.20	13184	50
7	新华每日电讯	248	2	0.01	1541	6
8	21 世纪经济报道	230	7	0.03	2919	13
9	经济参考报	213	4	0.02	1296	6
10	证券时报	199	5	0.03	1643	8
11	金融时报	188	3	0.02	1619	9
12	国际商报	159	5	0.03	1122	7
13	文汇报	137	17	0.12	4801	35
14	中华读书报	135	18	0.13	5955	44
15	经济日报	116	5	0.04	996	9
16	人民日报海外版	111	3	0.03	1501	14
17	中国文化报	106	10	0.09	2018	19
18	华夏时报	90	2	0.02	971	11

续表

序号	报纸名称	发文量	总被引频次	篇均被引频次	总下载频次	篇均下载频次
19	解放日报	88	27	0.31	2158	25
20	中华工商时报	86	1	0.01	513	6
21	中国经济时报	85	3	0.04	982	12
22	解放军报	84	3	0.04	822	10
23	中国青年报	82	0	0.00	631	8
24	北京日报	67	7	0.10	2012	30
25	中国教育报	60	29	0.48	1880	31
26	中国体育报	57	1	0.02	366	6
27	学习时报	55	29	0.53	3044	55
28	期货日报	54	0	0.00	797	15
29	北京商报	54	0	0.00	404	7
30	经济观察报	52	1	0.02	378	7

（七）中国"希腊研究"的地区分布

表4-17按发文机构所在各省（直辖市、自治区）统计了1949—2019年中国"希腊研究"中文文献的各地区发文量、总被引频次及总下载频次，图4-14和图4-15分别从发文量占比和热力图的角度直观展示了各地区文献产出的活跃度。数据表明，北京市、江苏省、上海市的发文量、总被引频次和总下载频次三项指标均高居前三位。另外，湖北省、广东省、山东省在"希腊研究"领域也有较高的科研产出。北京市以2463篇发文独占鳌头，且远高于排名第二、三位的江苏省（1331篇）和上海市（1078篇），充分展示了其作为全国政治中心、文化中心和国际交往中心的地位和实力。

表4-17　1949—2019年中国"希腊研究"地区发文统计

序号	地区	发文量	总被引频次	篇均被引频次	总下载频次	篇均下载频次
1	北京	2463	6732	2.73	663534	269
2	江苏	1331	2208	1.66	261192	196
3	上海	1078	3217	2.98	366202	340
4	湖北	827	2052	2.48	310156	375
5	广东	766	1368	1.79	180647	236
6	山东	727	1327	1.83	208586	287
7	河南	575	970	1.69	175075	304
8	浙江	573	1338	2.34	157242	274
9	辽宁	478	671	1.40	143144	299
10	吉林	467	955	2.04	162746	348
11	陕西	454	903	1.99	148590	327
12	湖南	447	1041	2.33	149066	333
13	河北	423	676	1.60	135181	320
14	四川	421	763	1.81	133107	316
15	安徽	408	689	1.69	125796	308
16	黑龙江	393	890	2.26	111957	285
17	重庆	334	853	2.55	103146	309
18	天津	324	957	2.95	124500	384
19	福建	314	1916	6.10	86576	276
20	甘肃	287	346	1.21	79008	275
21	山西	271	525	1.94	72015	266
22	江西	252	522	2.07	69233	275
23	内蒙古	209	308	1.47	71539	342
24	广西	183	305	1.67	54382	297
25	云南	178	233	1.31	44003	247

续表

序号	地区	发文量	总被引频次	篇均被引频次	总下载频次	篇均下载频次
26	贵州	154	194	1.26	35842	233
27	新疆	97	99	1.02	19851	205
28	海南	48	56	1.17	12632	263
29	香港	31	40	1.29	5547	179
30	宁夏	27	79	2.93	7063	262
31	青海	27	31	1.15	6737	250
32	台湾	22	9	0.41	2659	121
33	西藏	20	35	1.75	4008	200
34	澳门	3	3	1.00	772	257

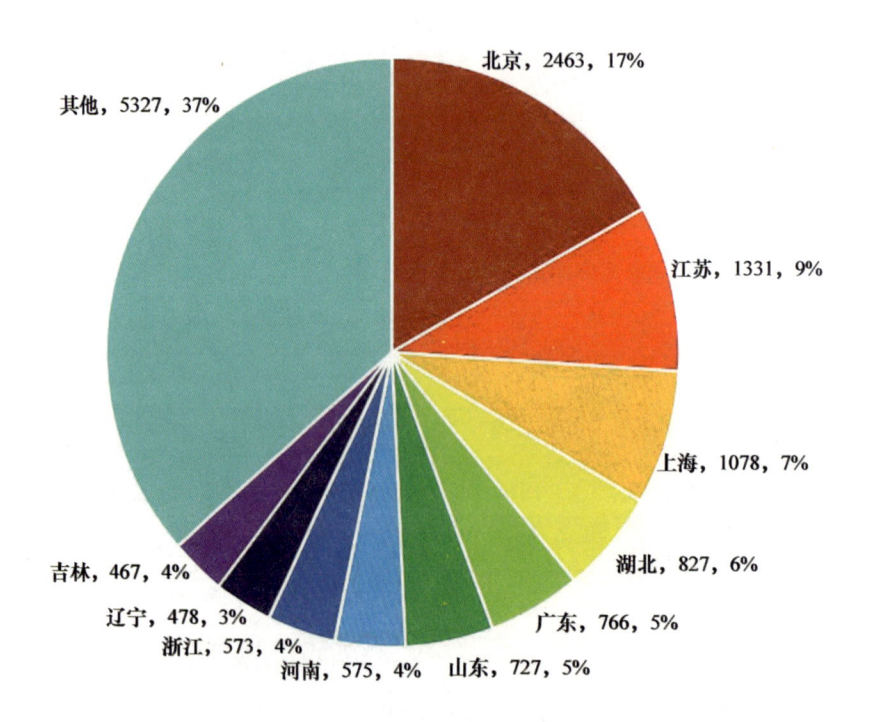

图4-14　1949—2019年中国"希腊研究"各地区发文量及占比统计

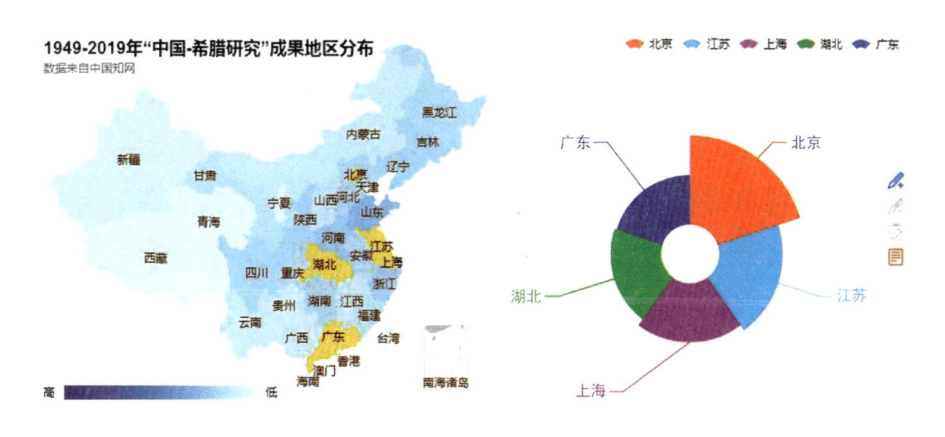

图 4-15　1949—2019 年中国"希腊研究"地区分布热力图

（八）总结及展望

通过对 CNKI 1949—2019 年收录的期刊论文、博士硕士学位论文、会议论文和报纸文章等 29564 篇中文文献数据进行统计和分析发现，中国"希腊研究"中文文献数量在 1978 年以后开始快速增长，尤其是近十年（2009—2018 年），年均发文1542 篇，其中 2011 年、2012 年和 2015 年更是高达 2000 篇以上，说明"希腊"相关话题越来越受到中国学术界和新闻界的关注，成果产出越来越多。基金资助文献量在 2004 年后呈现快速增长趋势，尤其是在 2011—2018 年，均超过了 100 篇，表明有关中国"希腊研究"越来越受到国家和社会各界的持续重视，受资助力度不断提高。

发文高频关键词有助于分析该领域的主要研究方向和关注的热点话题。数据统计显示，1949 年以来中国"希腊研究"中文文献中，"希腊哲学家""古希腊神话""欧元区"是出现频次最高的三个关键词。此外，"债务危机""古希腊""希腊哲学""希腊政府"等关键词也出现较多。"欧元区"与"债务危机""希腊政府""主权债务""债务问题""齐普拉斯""减记""国内生产总值""救助计划""新民主党""欧洲金融"

"救助方案""财长会议""经济增长"等关键词是其中最具关联性的主题。说明以上这些具体问题，是中国"希腊研究"领域最受关注的热点话题。

从机构和学者统计来看，中国人民大学、北京大学、复旦大学以及北京师范大学、武汉大学、华东师范大学等机构是中国"希腊研究"领域研究的主力军。证券时报社记者吴家明（122篇）、首都师范大学晏绍祥教授、清华大学王晓朝教授、复旦大学黄洋教授、南开大学杨巨平教授等学者在中国"希腊研究"领域产出成果较多，且具有较高的影响力。

《论中西思维方式》（2002年刊载于《外语与外语教学》）、《晚期海德格尔的三天讨论班纪要》（2001年刊载于《哲学译丛》）以及《对〈呼啸山庄〉中希斯克利夫与凯瑟琳的爱的原型分析》（1997年刊载于《暨南学报（哲学社会科学）》）等论文是1949—2019年中国"希腊研究"期刊文献中被引和下载较多的高影响力代表性成果。

中国社会科学院世界历史研究所主办的《世界历史》、中国社会科学院哲学研究所主办的《哲学研究》和生活·读书·新知三联书店有限公司主办的《读书》，以及《中国证券报》《光明日报》《中国社会科学报》《人民日报》等期刊和报纸，是1949—2019年中国"希腊研究"中文文献的主要期刊和报纸传播载体，建议相关机构和学者重点关注。

根据各地区发表"希腊研究"相关中文文献数量统计显示，北京市、江苏省、上海市、湖北省和广东省是1949—2019年中国"希腊研究"中文文献的高产地区，活跃度相对较高。尤其是北京市，文献数量独占鳌头，充分展示了其作为全国政治中心、文化中心和国际交往中心的地位和实力。

以上基于CNKI文献大数据的中国"希腊研究"发展现状、特征和趋势等案例分析，可有效促进相关领域的政策和学术交流，并为学术机构和智库制定发展规划、学者确定研究方向以及期刊精准组稿审稿等方面提供一种客观合理的分析方法和科学决策参考依据。

五　希腊人眼中的中国
——中国在希腊的形象（2008—2018年）*

一个持续增长且越来越自信的中国正在全球引发一场讨论，所有国家都不能置身事外。迄今为止，中国的崛起及其在包括希腊在内的欧洲的足迹，主要与中国的投资规模有关，这被看作是关于北京对该地区日益增长的影响力的一个解释。虽然聚焦于投资是可以理解的和合理的，但研究人员和决策者可能会忽视有关中国形象的其他一些不太显眼的因素。这些不那么显眼的因素是什么？它们是那些不一定以美元或欧元衡量的，并且更多与认知、情绪和态度相关联的因素。中国渴望得到关于欧洲社会如何看待中国的反馈。在这一意义上，国际经济关系研究所（Institute of International Economic Relations）编写的这份报告旨在就中国在希腊的形象背后的深层次原因提供亟须的见解。

国际经济关系研究所的研究旨在为一个仍然有限但不断增长的有关欧洲内部与中国有关的媒体报道的研究做出贡献。在欧盟，近期唯一类似的尝试是"ChinfluenCE"项目[①]，其目的是描绘中国在中东欧地区通过媒体所反映出来的影响力。虽然所研究的焦点稍有不同，但该项目的伙伴广泛地监测国家媒体，

---

* 本文由希腊国际经济研究所Plamen Tonchev主编，Angelos Bentis, Caroline Carulas, Chris Mihalaris, George Papoutsas撰写，经作者授权，首次刊发中文版。刊载时有修改和删节。

① 项目全称为："China Influence in Central Europe"，译为"中国在中欧的影响力"。

并通过一份全面的报告展示了它们的发现。这都被本研究纳入参考范围内。此外，国际经济关系研究所的研究还得益于该研究所在欧洲智库中国网络（European Think Tank Network on China）中的伙伴方提供的意见和建议。

国际经济关系研究所的这份报告涵盖三个主要研究领域，即：第一，希腊民众对中国的认知方式的调查；第二，分析选定的希腊媒体及其对与中国相关的新闻的报道；第三，那些其他的——尤其是不那么明显的——有助于塑造希腊对中国观念的因素。报告涵盖的时间为2008—2018年，这样做的依据是，中国在希腊的存在自希腊政府和中国航运巨头中国远洋运输（集团）总公司于2008年签署比雷埃夫斯港特许租赁协议之后，变得非常明显。

鉴于认知本身并不易通过量化单位来测量，国际经济关系研究所团队在报告中混合采用了数据驱动路径（data-driven approach）及对趋势的社会心理学解释的尝试。研究人员考虑了外国和希腊调查机构进行的43次调查。接下来，研究团队审查了可从网站获取的1386篇文章，这些文章分别由10家希腊报纸和新闻门户网站发表。

自2008年以来，希腊和中国之间日益紧密的联系引起了世界媒体的关注，人们一直在猜测在中国和希腊之间的"浪漫"关系正在走向何方。与此同时，缺乏对希腊民众如何看待中国以及两国之间这种不断演变的关系的全面研究。国际经济关系研究所的这份报告希望能够为有关中国在希腊的形象和希腊媒体的作用的相关研究做出贡献。

希腊人如何看待中国？

既有的调查大多都记录了这样一种一致的模式，即总的来说，希腊人对中国持有积极的看法，而且比其他西方国家对中国的看法更加良好。希腊民众充分意识到中国在国际舞台上的日益增长的影响力，认为它是一个全球超级大国。与大多数西方人不同，希腊人正面地理解中国的影响力。

因此，希腊人对中国的态度积极，但希腊的民意调查也揭示出了三种不同的冲突：

其一，虽然中国在希腊的形象并不完全体现在生活标准、社会凝聚力、政府形式、人权、安全生产、环境挑战等方面，但希腊人对中国抱有很高的期望，认为这个亚洲巨人是一个重要的经济和政治伙伴。

其二，虽然希腊人将中国实力的增长视为是对欧洲来说的一个坏消息，但却认为是希腊的好消息，就像希腊不在欧洲中一样。

其三，尽管绝大多数希腊人坚决反对全球化，但许多希腊人期待中国——这个全球化的最大受益者——能够帮助希腊经济再次站立起来。

希腊人从媒体上了解到关于中国的什么？

希腊一直在努力应对一场严重的社会经济危机和政治动荡，在这种背景下，中国并不是公众讨论的焦点。不过，确实有一定数量的有关中国的媒体报道。国际经济关系研究所搜集的媒体报道为公众提供了一个广泛的有关中国国内及在国际舞台上的发展的新闻系列。

中希经济关系占据与中国有关的媒体报道的一大部分。相关的新闻报道主要关注中国在希腊的投资，而雄心勃勃的"一带一路"倡议也被反复提到。希腊经常被视作是通往欧盟的大门和从地中海到中欧地区的一条主要运输走廊的跳板。两国之间的文化合作在媒体报道中的覆盖范围并没有达到与投资议题相同的程度，但其内涵是非常正面的。

与中国有关的新闻报道的内容和基调都是负面略微大于正面，但总体上来说是客观的和平衡的。通常，媒体会根据它们同政治派别中的哪一方的关系更接近来改变他们的立场。当他们支持的政党掌权时，媒体倾向于变得对华更加友好（以16%—20%的速度），并优先考虑中希关系问题（以接近70%

的速度），但这并不会导致在更广泛层面上的改变。

关于媒体对中国在希腊形象的影响，国际经济关系研究所的两个研究结果清楚地表明：第一，希腊媒体是在帮助民众改善其关于在中国的生活的知识，尽管充分理解"中国奥秘"需要相当大的信息量和更广泛的资源；第二，有关中国的媒体报道似乎的确在社会层面上产生一定的影响，但在决策和外交政策选择方面则几乎没有影响。未有迹象表明中国正试图通过控制希腊媒体来发挥影响力，这与世界其他地区（包括欧洲）经常讨论的情况有所不同。

中国在希腊形象背后的故事

在希腊，塑造中国形象的因素并不像看上去那么简单。最终，有关中国在希腊的观点受到三种不同的且在一定程度上冲突的叙事的制约：其一，坚信中国是一个发展中国家，尽管过去几十年取得了惊人的成就，但中国仍然面临相当大的社会经济挑战；其二，稍微有点"交易性"的态度，在旷日持久的危机中，希腊希望中国能够成为一个资金后盾和潜在的盟友，并可能与西方/欧洲债权人对抗；其三，一个如古希腊一样灿烂的文明的模糊形象，并推测是希腊文化上的"亲戚"，尽管希腊人对中国历史几乎一无所知。

然而，高调的和过度乐观的声明可能会带来意想不到的负面影响，从而有在希腊引发"中国疲劳症"（China fatigue）的风险。在希腊经济中的有意义和明显的投资，尤其是大规模创造就业将大大提升中国的形象，这比在促进两国的"文化亲缘"（cultural kinship）上过度投资要好得多。双方领导人可能必须更加谨慎：除非中希合作很快就能达成可见的成果，那么关于这两个国家之间的"战略伙伴关系"的泛泛而谈，可能会使得希腊社会觉得空洞并在未来造成负面影响。如果中希关系的发展是要扎下深根并经受时间的检验的话，希腊和中国政府有责任感受希腊社会的脉搏。

（一）希腊对中国的认知

1. 中国在希腊的总体形象

在过去 40 年中，中国的经济增长及其重要性的凸显，在全球范围内引发了这个亚洲巨人向何处去的密集讨论。它在欧洲不断显著的存在导致了一种混合的情绪——如果不是直接的担忧的话。不同国家民众的认知会有相当大的不同，这取决于观点、国家的敏感性以及关于中国迅速崛起的广泛叙事。毫无疑问，世界第二大经济体正在全球秩序中发挥新的作用，而北京正在系统地展示它的硬实力和软实力。

绝大多数国家都被中国迷住了，对中国具有正面的看法，希腊也不例外。皮尤研究中心（Pew Research Center）的一项有代表性的调查显示，2012—2017 年，每 10 个希腊人中就有 5 个或 6 个希腊人对中国有好感（图 5-1）。

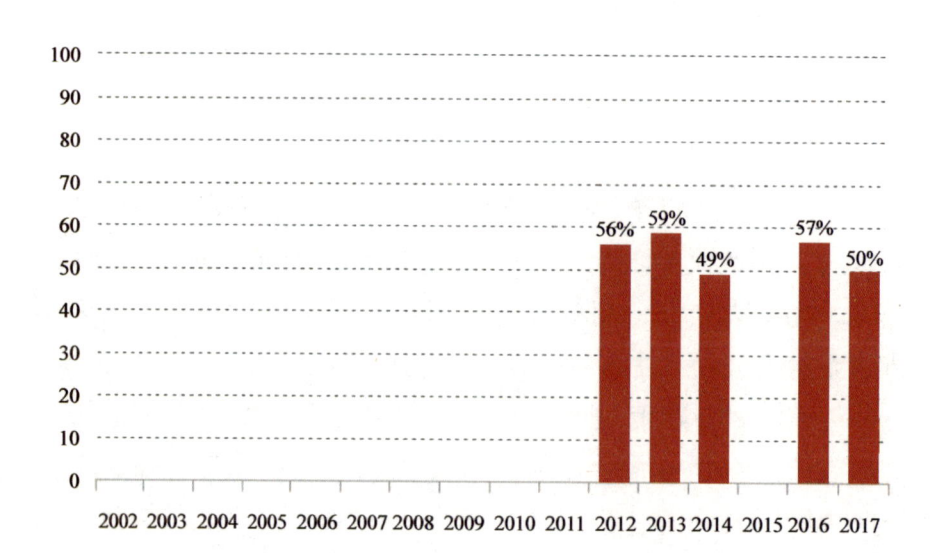

图 5-1　对中国的看法（正面或负面）

资料来源：皮尤研究中心。

虽然不同的调查得出的数据不尽相同,但大多数调查似乎都呈现出一致的结论:总的来说,希腊人对中国的看法相当积极。2016年7月,由一家名为"公共问题"(Public Issue)的地方机构所开展的调查显示,71%的希腊公民对中国人民持有积极的态度,大致同他们对中国作为一个国家的好感度接近(附件3)。这一发现大致得到了另一个希腊民意调查机构"卡帕研究"(Kapa Research)的确认。它的研究发现,2005—2016年,中国的受欢迎度在2013年达到60.0%的峰值(附件4)。与其他欧盟成员国和美国相比,尽管有所波动,但希腊较为稳定地展示了一种积极的对华态度。因此,与2017年皮尤研究中心全球调查中的其他37个国家相比,希腊是欧盟成员国中对华最积极的国家(附件5)。此外,2017年12月的欧洲晴雨表显示,希腊是所有欧盟成员国中排名第七的对华最友好的国家,尽管该国的对华负面看法超过了正面看法,分别为49%和45%(附件6)。

此外,希腊公民也很清楚地意识到中国在国际舞台上日益增长的影响力。总的印象是,虽然美国仍然是全球最具影响力的强国,但中国从中长期来看则是其替代者。因此,2013年,超过一半受调查的希腊人(57%)认为中国注定要取代或已经取代美国,成为领先的世界强国。2017年7月发布的一项英国广播公司的调查显示,对中国影响的看法在欧盟内部主要是负面的。其中,希腊是唯一一个对中国的影响力的观点总体倾向于积极的国家:有37%的人持正面看法(相对于25%的人持负面态度)。恰当地说,中国的力量受到许多国家的赞赏,也被很多国家恐惧。但这似乎不适用于希腊。

2016年12月,每5名希腊人中就有4人(79.3%)认为中国是一个经济发展不平等的发展中国家,只有17.8%的人认为中国算得上是一个富裕国家(附件7)。

2. 对中希关系的认知及相关期望

公众以非常积极的态度评估希腊和中国之间的关系：2016年12月，绝大多数受访者（81.9%）将两国关系认定为"友好"和"相对友好"（附件8）。此外，希腊公民似乎支持与中国建立更密切的关系，尽管在经济、政治和文化三个主要领域进行合作的程度并不同。特别是2016年12月"希腊公众意见"进行的GPO调查显示，83.5%的受访者支持与中国进行更密切的经济合作，71.1%的受访者则支持建立更密切的政治关系，而87.5%的人希望与中国进行更密切的文化交流（附件9）。

许多希腊人认为中国是一个能够帮助希腊渡过目前危机的国家。在2014年7月，49%的希腊受访者从正面的角度看待中国，52%的受访者认为中国的经济增长对他们的国家来说是一件好事——在7个欧盟成员国和美国中，只有英国对中国的态度更加积极（图5-2）。2016年7月，三分之二的希腊受访者（67%）认为与中国的经济合作是希腊自身发展的一个契机。相同比重的希腊人（47%回答"是"，20%回答"也许是"）赞同两国间在能源、旅游、制造业等部门的经济合作（附件10）。几个月后，64.1%的希腊人表示，中国企业的存在对希腊经济是有利的，而近五分之四（77.9%）的受访者认为，中国企业可以创造新的工作岗位（附件11）。

同样的，61.5%的希腊受访者认为中国经济实力的增强对希腊来说是一个积极的发展。然而，与此同时，被采访的希腊人中的多数（65.8%）认为中国日益增强的经济实力是对欧洲的威胁（附件12）。这与希腊的欧盟成员国身份形成了明显的矛盾。

在同一项调查中，64.1%的希腊人对中国表达了正面的看法，其中17.7%对"你认为中国是希腊在国际舞台上的盟友吗？"这一问题回答了"是"，46.4%的人则回答了"可能是"。

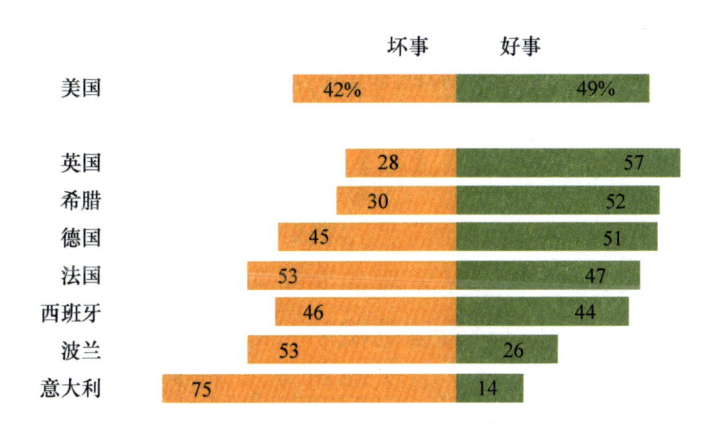

	坏事	好事
美国	42%	49%
英国	28	57
希腊	30	52
德国	45	51
法国	53	47
西班牙	46	44
波兰	53	26
意大利	75	14

图 5-2　总的来说，中国的经济增长对你的国家来说是一件好事还是坏事？

资料来源：皮尤研究中心 2014 年 7 月。

不过，当希腊人将中国与其他国家相比较时，情况就发生了明显的变化。因此，2015 年 10 月，只有 3% 的希腊人认为中国可以是他们国家的一个关键盟友：欧盟排在第一位（44%），俄罗斯则以 12% 排在第二位（附件 13）。根据"卡帕研究"2016 年 11 月发布的另一项调查，在希腊应该寻求建立更密切关系的国家中，中国（39.5%）仅次于俄罗斯（47.5%）排在第二位——尽管并不清楚受访者所指的是经济关系还是政治关系（附件 14）。正如一些人所指出的那样，虽然希腊人对中国并非漠不关心，但他们也不认为中国是他们的主要盟友。

此外，尚不清楚当绝大多数希腊人表示赞成促进这两个国家之间的文化合作时，他们所指的是什么。然而，这一领域正是中希关系中日益突出的特征之一，本文的其他部分将讨论与此相关的一些例子。

3. 希腊对华认知中的矛盾

从正面来说，希腊认为中国是一个潜在的政治盟友和实现经济复苏和创造就业的资金来源。但应该说明的是：

首先，在希腊，中国在生活水平、生活方式、社会凝聚力、政府形式、人权等方面有着较负面的形象。然而，希腊人对中国抱有很高的期望，认为中国是一个重要的经济伙伴，他们可以帮助希腊克服长达十年的经济困境。

其次，希腊人认为，中国日益增长的实力对欧洲来说是坏消息，但对希腊来说是好消息，就好像希腊不在欧洲也不是欧盟成员国似的。这一明显矛盾的两个可能的解释是：对欧洲的潜在威胁不一定视为对希腊的威胁，只要中国能够有助于希腊的经济增长，或者希腊人并不强烈感受到对欧盟的依存，事实上，正如本文报告所述，他们的立场已经明显变得反欧洲了。

这些矛盾以及其他矛盾将在第三部分"表象之下"中得到阐述，并作为提供一种解释的尝试。

（二）中国在部分希腊媒体中的形象

国际经济关系研究所做出了一个慎重的选择来评估希腊媒体建构有关中国的辩论，甚至部分塑造希腊民众对这一亚洲巨人的看法的程度。在这一过程中，研究团队回顾了希腊报纸和新闻门户网站发布的近1400相关文章（附件1和2）。此处介绍2008—2018年基于媒体记录所得出的主要发现。

应当指出的是，中国并不是希腊媒体关注的一个主要焦点。在一个饱受社会经济危机和政治动荡困扰近10年的国家，中国并不是一个核心主题。由于希腊的财政紧缩和政治纷争，与危机相关的新闻在希腊媒体提供的内容上占据很大比重。不过，中国在希腊媒体上也占有一定的篇幅。

1. 内容性质和报道基调

总体来说，媒体报道的内容主要涉及中国的经济和环境挑战（44.6%）。当然，考虑到这两个议题的重要性，这是理所当然的。中国的市场经济地位问题尚未在希腊引发一场辩论，但对这个高度分裂且将中国置于欧盟和美国对立面的问题的一些内容,已经出现在希腊媒体中。除了中国的海外贸易和投资之外,希腊媒体也报道了中国的国内经济。例如,有报道提及了中国采取的限制资本外流的措施。中国的环境问题也出现在希腊媒体的报道中。

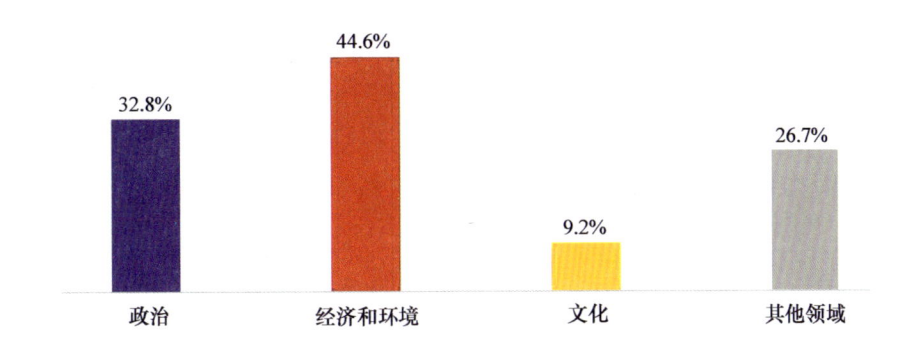

图 5-3　关于中国的媒体报道的主要议题分类

资料来源:国际经济关系研究所。

第二类受到广泛报道的领域涉及政治议题(32.8%),主要是关于中国的国内形势和国际关系。当然,经济处于中国的政治关系之上。值得注意的是,在媒体的报道中,中美关系的出镜率(13.8%)要高于中欧关系(10.3%)。中希关系在国际经济关系研究所使用的样本中的媒体覆盖率达19%,从而在"中国的国际关系"内容分类中占据了最大的比重(附件15)。

有趣的是,文化问题只占媒体报道的9.2%,这一点多少有些令人惊讶,因为正如在前面(附件9)所强调的那样,绝大多数希腊人(87.5%)至少在原则上支持中希文化交流。不过,关于中希关系的报道,不管是内容还是基调,在文化和历史遗产保护方面都更加正面。关于希腊与中国灿烂的古代文明之间联系的任何新闻都能与公众很好地结合在一起,并因此被媒体充分地报道,尽管其中可能存在宣传和夸大的因素。

总体而言，研究样本中与中国相关的新闻报道，不管是内容还是基调，都是负面比正面稍多一些（分别为 -0.246 和 -0.239），但也接近中立（附件16）。在希腊媒体中，与中国有关的报道的内容和基调呈现负面特征，这一点是符合西方普遍趋势的。有人指出，一般而言，欧洲媒体并不发表中国作为一个国家的正面新闻，在这种意义上，希腊也不例外。尽管如此，虽然在欧洲和其他地方出现了越来越多"恐华症"迹象，但在希腊，有关中国的媒体报道并不是敌对的。

与中国有关的新闻报道的普遍客观性是国际经济关系研究所团队关注的希腊媒体的值得赞扬的特征之一。总体而言，国际经济关系研究团队所关注的媒体对中国的报道是相当客观和均衡的，即使有一些迹象表明出现了向亲政府立场报道的转向，这一点自2015年以来尤其显著。值得注意的是，自2008年以来，希腊已经经历了五次大选，四个不同的政府和两个看守总理。对中国的媒体报道显然受到多变的政治环境的影响。媒体倾向于根据政治派别和它们更接近于哪一方，来改变它们对中国的态度。

国际经济关系研究所团队建立的一个独特的模式是，亲政府的媒体的报道对中国更加友好，是因为它们：报道与中国有关的更正面的新闻；在与中国有关的新闻的报道中持更加正面的基调；更多地关注中希关系。因此，同一媒体呈现的新闻报道的正面性从它们所处的"反对派时期"到"政府派时期"上升了19.5%。相应的，"政府派时期"的报道的基调也改善了15.8%。

从"反对派"时期到"政府派"时期，样本中与中国有关的新闻报道所占的份额上升了68.1%。显然，当支持一个执政党的时候，媒体更愿意甚至有意"推销"中国，而处于"反对派"位置的时候，它们则对中国持保留立场（图5-4）。有趣的是，这似乎并不只适用于希腊：类似的发现也可以在"ChinfluenCE"有关匈牙利的报告中找到。

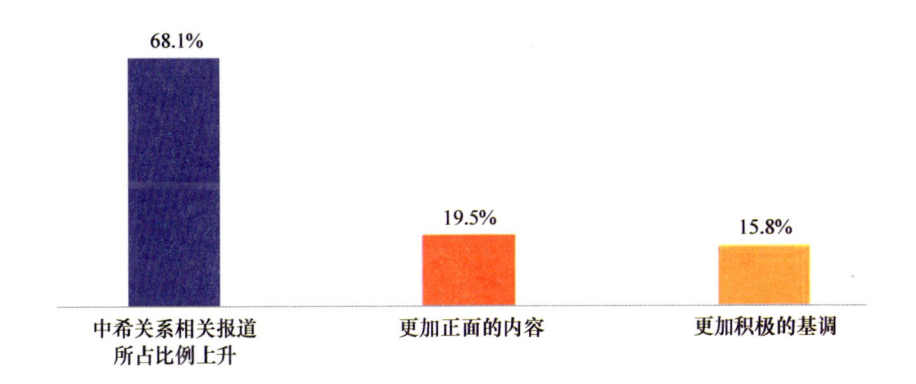

图5-4 媒体报道在"政府派阶段"比"反对派阶段"更加正面
资料来源：国际经济关系研究所。

例如，对《自由新闻报》（Eleftherotypia）和《编辑者报》（Efierida ton Syntaketon）这样的左翼报纸来说，自2015年激进左翼联盟（SYRIZA）领导的政府上台以来，中希关系在与中国相关报道内容中的份额增长了近六倍（从5.3%到31.0%）（附件17）。

2. 媒体报道的影响

重要的是，希腊记者普遍缺乏与中国相关的专业知识。值得注意的是，没有一个希腊媒体在中国派驻自己的记者，这限制了报道的原创性，并在一定程度上削弱了有关中国报道的可信度。最主要的信息来源是雅典和马其顿通讯社（Athens & Macedonian News Agency），尽管有时也有一些国际信息来源被引用，例如：法新社、英国广播公司、彭博、路透社、《经济学家》和《国际先驱论坛报》等。

大多数新闻都以报道的形式呈现，很少有作者专栏和观点的表达——在国际经济关系研究所团队审阅的近1400篇文章中这样的文章只有少数几篇。似乎希腊媒体的使命仅限于向读者通报信息，而与中国有关的辩论则是在有限的决策者圈子内部进行的。关于中国在希腊媒体中被描绘的方式和最终结果之间的关系，即中国被希腊社会和精英所认知的方式，国际经济关系研究所的两个发现做出了清晰的阐释。

首先，尽管希腊媒体以相当客观的方式提供了广泛的信息，从而帮助公众改善其在有关中国生活方面的认识，但获得有关"中国奥秘"的深刻理解所需要的比阅读媒体报告多得多。其次，有关中国的媒体报道似乎在社会层面产生了一些影响，这解释了为什么希腊人对中国的生活和工作条件及其政府形式都有着负面的看法。然而，在决策和外交政策选择方面，情况是相当不同的。人们不应该对此感到惊讶：据报道，在欧洲其他国家，政治和经济精英的态度与社会民众态度之间同样存在鸿沟。

没有迹象表明，北京追求直接控制希腊媒体以施加影响力，这一点与世界其他地区（如澳大利亚）或欧洲（中东欧）经常讨论的情况不同。目前，在希腊，没有中国控制的媒体渠道来策划一场亲北京的公共外交运动，希腊报纸上也没有定期的由中国赞助的补充内容。

然而，在过去的两年中，亲政府媒体中对华友好的报道偏好也可能与雅典和马其顿新闻通讯社的作用有关。该社自2016年5月起和中国官方媒体新华社建立了合作关系。此外，2017年12月，该社还与新华社的一个附属机构——中国经济信息社（China Economic Information Service）签署了一项谅解备忘录，建立了"一带一路"经济和金融信息合作伙伴关系。

（三）表象之下

在本部分中，国际经济关系研究所的研究人员将完成三个主要任务：第一，为希腊人有关中国的观念中固有的分歧和冲突提供可能的解释；第二，把通过媒体观测得到的发现与中国在希腊的形象联系起来；第三，将中国的形象置于一个更加广泛的背景下进行考察，并将其与其他国家在希腊的接受程度放在一起进行比较。

国际经济研究所团队确定了前文提出的两个矛盾，即：

——希腊人对中国的生活水平、生活方式、社会凝聚力、政府形式、人权问题、安全生产和环境挑战等评价不高。但是，他们对中国抱有很高的期望，认为中国是一个重要的经济伙伴，可以帮助希腊克服长达十年的经济困境。

——人们认为，中国日益增长的实力是对欧洲来说是一个坏消息，但对希腊来说则是好消息，就好像希腊不在欧洲，也不是欧盟成员国似的。

至少还有一个需要解决的矛盾——如图 5-5 所示，事实上，绝大多数希腊人坚决反对全球化。与此同时，多数希腊人期待中国——这一全球化的重大受益者，帮助希腊经济再次站立起来。

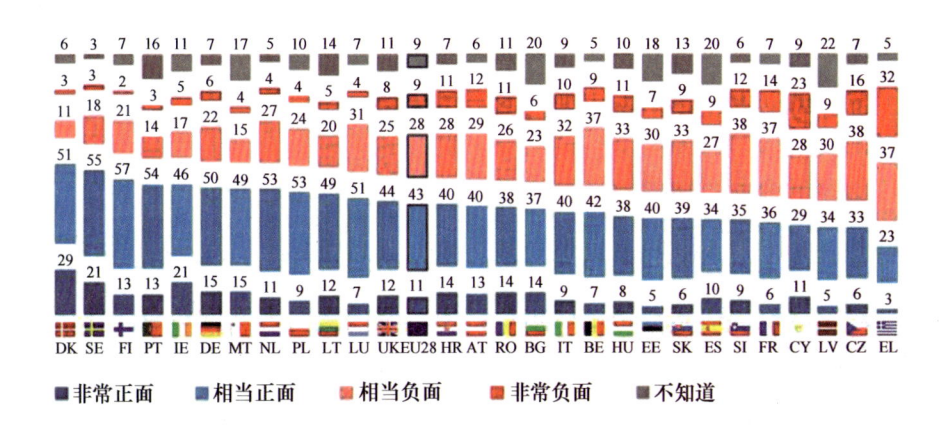

图 5-5　欧盟成员国对全球化的观点

资料来源：Eurobarometer，December 2017。

上述矛盾表明，存在比我们的眼睛所能看到的更多的问题。

形象地说，导致上面强调的趋势的一些原因并不出现在窥镜中，因此需要在表象之下进行一些更加深入的挖掘。

可能存在各种不同的解释，但这些解释不是相互排斥的，贯穿其中的一个共同主题似乎是两个重要因素的混合体：其一，希腊经历的严重的社会经济和政治危机；其二，希腊人在21世纪看待自己的方式。从更广泛的角度来看，希腊社会的态度受到了财政和经济紧缩以及随之而来的社会和政治动荡的严重影响。对此，应用一些心理学领域的工具可能会带来一定的帮助。的确，自2010年以来，希腊人精神上所经历的可谓是一种集体的创伤：焦虑、屈辱和沮丧的大杂烩，再加上在一个快速变化的世界中产生的深刻的不安全感。

在这里考察的2008—2018年时间段，在很大程度上与2009年债务危机之后希腊突然出现的经济紧缩、社会动荡和政治不稳定相一致。财政危机所带来的后果不可能被忽略，因为它们影响了希腊社会的每一个维度，并导致了国内政治局面和国际关系的急剧重组。在过去的几年里，人们对希腊的朋友和敌人的看法发生了急剧的变化，这就是为什么国际经济关系研究所团队有必要从中国形象的具体问题上退后一步，审视一下大局。

1. 昏暗的十年

出于对经济的沮丧，对国家前景的悲观以及对孩子们的未来的担忧，希腊人往往很少会看到自己有朋友，如果真的有朋友的话。大多数希腊人正确或错误地发现，该国正沿着错误的方向行进。直到最近，对经济的消极情绪才稍微变得明亮一些，尽管对经济运行的乐观主义还没有回归，且总的来说，希腊人仍然对本国的前景感到失望。

2014年春，希腊不仅是皮尤研究中心（图5-6）调查所涵盖的10个发达经济体中满意度最低的国家（仅有5%），也是该调查所覆盖的全球范围内 43 个国家中最不满意的国家（附件 18）。通过这种对涵盖了公众对经济、政治、社会和安全状况的认知等在内的民族忧虑的广泛测量，可以发现希腊人对自己的生活以及希腊的国际地位深感不满。

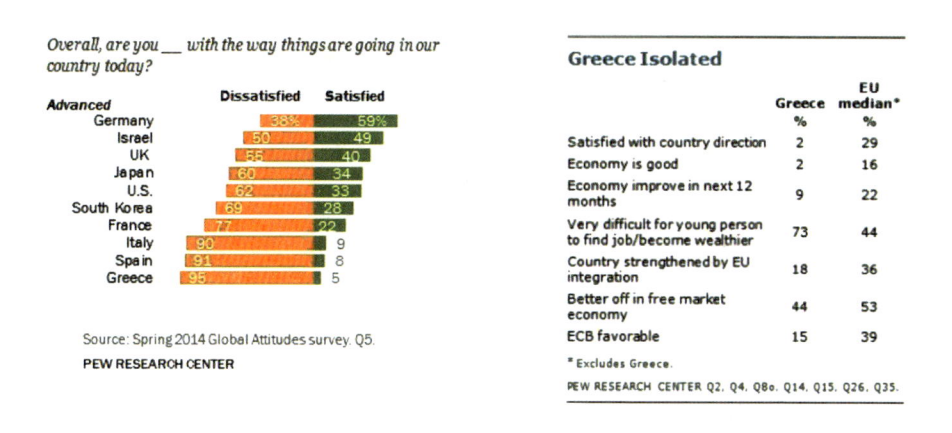

图 5-6 希腊人对国家发展方向感到不满

几乎同时，差不多每个希腊人（98%）都提到了作为该国最大问题的失业（附件 18）——这一点是预料之中的，因为该国官方失业率在 2013 年 5 月年达到了 27.6% 的高峰。官方数据显示，截至 2018 年 6 月，失业率已经下降到了 20.2%，但依然是欧盟内失业率最高的国家。因此，希腊人重视创造就业机会，希望外国企业，包括来自中国的企业，能够促进该国的就业。

希腊人每况愈下的生活标准也是造成这种担忧的主要原因之一。正如前文提及的调查表明，尽管中国商品被认为质量并不高，但至少对该国许多家庭来说，这些商品是负担得起的（附件 7）。自 2010 年以来，希腊人的平均可支配收入减少了大约 25%—30%，因此商品的价格很重要。在希腊，廉价的中国商品很受欢迎，仅仅是因为在持续的经济危机中，许多家庭没有必要的资金来满足需求。

希腊人不是中国的生活方式或政治制度的粉丝。中国可能不是希腊人羡慕或希望生活的国家，但在他们的观念中，北京可以帮助他们改善希腊的状况。事实上，这是一种给予和接受的态度，或者说是一种"交易性"的立场。这似乎是隐藏在普遍对中国的正面看法之后的一种情绪，尽管并不是一种明确的观点。这似乎可以用来解释是本研究所确定的三个矛盾中的第一个。

2. 疑欧主义和对替代方案的寻求

失去超过四分之一的国家财富和生活水平、被标记为欧元区的"害群之马"长达10年的时间、数年来面对退出欧洲的幽灵、与变得越来越不可预测且好战的土耳其为邻、而且从2015年起饱受移民泛滥之苦，一系列事件使得希腊感到孤独，认为自己被欧洲伙伴抛弃了。

这同第二个矛盾直接相关，即希腊同欧盟心理上的脱离。本文认为，这场严重的危机酝酿了一杯充满"愤恨"的鸡尾酒，导致这个国家疑欧主义的激增。这一假设得到了大量证据的证实，它们都指向了贯穿2010年代的一种持久的模式。根据皮尤研究中心2012年的调查，在该国陷入严重财政和经济危机的两年后，希腊受访者对自己国家的发展方向最不满意，对欧盟最悲观且最多批评。

2017年6月，皮尤研究中心的另一项调查显示，36%的希腊人希望离开欧盟，另有58%的人赞成举行关于欧盟成员国身份的全民公投（附件19）。根据2017年7月英国广播公司全球服务（BBC World Service）的调查，尽管所有的欧洲国家和加拿大、美国、澳大利亚的受调查者对欧盟影响力的评价都是正面的，但希腊受访者持正面态度的只有35%，持负面态度的则有36%。值得注意的是，希腊人对德国这一最大的欧盟成员国和经济体的态度尤其愤愤不平。所有上述国家都对德国的影响力表达了积极的看法，但希腊的结果则非常负面：29%的正面评价和50%的负面评价。

在这种背景下，正如2017年欧洲晴雨表所记录的那样，希腊人对欧盟的态度非常负面。只有29%的受访者认为欧盟可以保护他们免受全球化的负面影响（附件20）。同样的，只有37%的受访者认为欧盟的援助有助于希腊从全球化中获益（附件21）。这可以很好地解释第二个矛盾，即中国的经济增长可能被视为欧洲的坏消息，但却是已经同欧盟在心理上分离的希腊的好消息。

显然，在希腊，长期的阴郁为疑欧主义乃至于直接的反欧洲和反西方情绪的滋长提供了温床。此外，在近10年的生活水平的急剧下降以及与债权人和伙伴国的不断争吵之后，希腊的自尊心受到伤害。由于对西方的失望和对不安全的敏感，希腊一直在寻找除欧盟和美国之外的强大的盟友。而一个越来越强大的中国被视为希腊现在所需要盟友的一个可能选项。这就是中国所逐步填补的真空地带，也是中国在希腊的存在应置于该国的财政和经济危机背景下进行审视的原因。

3. 中国走上舞台

事实上，希腊的案例似乎证实了一种更广泛的趋势：正如一些人所指出的那样，由于中国认为欧盟未能有效地应对危机，它意识到自己可以在全球治理中，特别是在欧洲内部，发挥更加重要的作用。希腊是欧元区链条上的脆弱一环，同时，它地处欧洲、亚洲和非洲之间的十字路口，北京的战略家们理所当然地选择该国作为进入该地区的一个突破口。

中国和希腊在纯经济甚至地缘政治方面的"浪漫关系"相对比较容易理解。对于这些问题，已经有了大量的讨论，并提出了一些合理的观点。然而，中希关系中一个非常有趣且不那么显眼的层面是文化上的融洽和亲密关系，这种关系已经在两国的友好往来中起到了一定的作用。鉴于两个国家都理所当然地对其丰富的历史和文化感到自豪，相关的倡议很容易成为头条新闻，并受到希腊和中国民众的欢迎。中希官方关系中很大一部分是主要由中国方面发起的文化外交运动。中国当然非常重视公共外交，这源于中国所接受的一个深思熟虑的长期构想，以改善它的全球的软实力形象。在这个意义上，希腊是实施这一战略的尤其相关的"试验田"。

因此，2004年和2008年奥运会分别在雅典和北京举行，这为两国之间的互访和相关专业知识的交流提供了许多机会。2007年9月至2008年9月的一年，被宣布为"中国希腊文化年"。2017年是中希文化交流与文化产业合作年。2017年4月，雅典主办了"文明古国论坛"第一次部长级会议，这一论坛更广为人知的名字是"GC10"。

需要注意的是，在希腊，"一带一路"倡议更经常地被称为"新丝绸之路"。这可能是因为这一词汇不能很好地翻译成希腊语。更重要的是，也可能是由于"丝绸之路"这一名称能够与公元前4世纪亚历山大直抵中亚和南亚的远征，以及中世纪的拜占庭帝国联系起来。在某种程度上，这也导致了那种认为中希合作是建立在长期的历史和文化联系之上的误解。

或许，光辉灿烂的古代意象确实能够以不同的方式将希腊和中国联系在一起。对希腊来说，似乎有一种对自我吹嘘的过去的怀旧感，这在心理上是可以解释的，特别是考虑到这个国家暗淡的现在和不确定的未来。也有可能是在经历了自2010年以来所感受到的一切痛苦和屈辱之后，希腊人需要通过与庞大的中国——这个未来的超级大国相提并论，来为自己增加自信。根据2017年4月DiaNEOsis的一项调查，62.3%的希腊人认为他们是一个有着悠久历史的民族，且仍然在天赋和文化上卓尔不群（附件22）。

经常用来提及日益紧密的中希关系的一种说法，来自于著名作家尼古斯·卡赞扎基斯（Nikos Kazantzakis），他因小说《希腊人左巴》（Zorba the Greek）而闻名于世。作为包括中国文明在内的东方文明的崇拜者，卡赞扎基斯曾经写道："如果你刮掉一个中国人的表皮，你会发现他的表皮下是希腊人；而如果你刮掉一个希腊人的表皮，你会发现一个中国人。"这个流行语很快变成了一道主旋律。此前的中国驻希腊大使曾至少两次使用该措辞：一次是在2015年8月20日的有关"一带一路"倡议的活动上，另一次是在2016年4月9日希腊政府与中远集团第二份合作协议正式签署的仪式上。截至2018年7月，谷歌搜索这一引言可以产生二十多个希腊语的网页链接（有趣的是，不是英语或任何其他语言），而且其数量可能随着时间的推移而增加。

与此同时，很难评估在何种程度上，高调的倡议和政府层面的公共外交能够对希腊一般民众产生影响。截至2018年9月，希腊只有一个孔子学院，坐落于雅典经济和商业大学（Athens University of Economics and Business）。此外，在过去的几年里，有大量的中希企业和文化协会成立，但它们的知名度和有效性较为有限。

根据比雷埃夫斯大学（University of Piraeus）在2014年1月发布的一项调查，60.9%的希腊受访者认为，希腊和中国的文化具有一些共同点，其中38.2%的人相信这两种文化"有很多共同点"。然而，该调查同样显示，中国被认为是一个遥远的、在文化上不同的国家，与希腊没有任何特殊的联系。正如有人指出的那样，尽管希腊人表达他们对中国的尊重，但实际上，他们也倾向于与之保持互相尊重的距离。

4. 中国 VS 其他国家

如果与对其他大国的看法相比较，如欧盟、德国、美国、俄罗斯等，中国在希腊的形象可能得到更好的理解。希腊对于欧盟和德国的怨恨前文已有所提及。就美国而言，希腊人历来是欧洲人中最不抱好感的民族之一，而且，在这个国家有一个由来已久的反对美国的联盟诉求。在这种意义上，中国显然相较于西方列强有其优势。

在比较希腊和其他欧盟成员国时，一个有趣的例子是罗马尼亚。有人指出，作为欧盟机构和政策的热心支持者之一，罗马尼亚认真考虑来自布鲁塞尔或其他西欧国家的有关中国的任何负面信号。这证实了将中国在希腊的形象置于雅典与其他欧洲国家之间的紧张关系的背景下来考察的正确性。

在这种比较方法中，一个非常有趣的例子是希腊与俄罗斯的心理联系，它比同中国的"文化亲缘"要更加根深蒂固且历史悠久。希腊传统上与俄罗斯关系的历史深度是近期才发展起来的中希紧密关系所不能比肩的。同时，卡帕研究的 2016 年 11 月的调查显示，与中国相比（39.5%），俄罗斯在关于希腊应该与哪些国家发展更加紧密关系中得分更高（47.5%）——第三名是美国（36.5%），而德国以 20% 的比重远远地排在第四名。

2017 年英国广播公司开展的一项调查显示，尽管加拿大人、美国人和所有被调查的欧洲人都表现出对莫斯科的负面态度，48% 的希腊受访者对俄罗斯持正面看法。2017 年 6 月，希腊人对俄罗斯总统弗拉基米尔·普京的好感度（50%），明显高于以唐纳德·特朗普（19%）和安格拉·默克尔（16%）为代表的西方国家领导人。当被要求比较美国、俄罗斯和中国时，希腊人更加支持俄罗斯（64%），超过中国（50%）和美国（43%）——见附件 23。

应当考虑到的是，俄罗斯与 19 世纪早期希腊国家的出现密切相关，且一直是希腊历史的一部分，这一点无论如何都不适用于中国。可以说，这种长期的俄罗斯—希腊心理纽带不大可能受到两国间 2018 年 8 月达到顶峰的外交冲突的影响。

（四）附件

附件1　截至2018年7月所审阅的所有文章明细

Media Outlet	2008	2009	2010	2011	2012	2013	2014	2015	2016	2017	2018	TOTAL
News247.gr	6	4	7	11	18	10	12	8	8	32	16	132
To Vima	11	8	41	14	18	13	12	7	10	36	20	190
Naftemporiki	9	12	24	10	12	22	83	36	11	26	40	285
Proto Thema	6	6	7	10	6	7	6	9	12	47	58	174
Kathimerini	7	8	12	9	6	13	10	8	13	21	16	123
Ta Nea	6	6	6	4	2	11	14	12	9	34	24	128
Avgi*	0	0	0	0	0	8	5	8	7	18	30	76
Iefimerida	#	#	#	11	8	10	13	7	13	45	56	163
Eleftherotypia	6	7	10	8	#	#	#	#	#	#	#	44
Efimerida ton Syntakton	#	#	#	#	3	2	8	11	8	19	33	84
TOTAL	51	51	107	77	73	96	163	106	91	278	293	1,386

附件2　截至2018年7月媒体报道的内容分类明细

Media Outlet	Politics	Economy & Environment	Culture	Other Areas	China-US relations	China-EU relations (incl. EU member states)	Sino-Greek Relations	China & the Rest of the World
News247.gr	31.8%	37.9%	3.8%	40.9%	8.3%	8.3%	19.7%	68.9%
To Vima	40.0%	55.8%	11.6%	13.2%	11.6%	12.6%	40.5%	40.0%
Naftemporiki	31.9%	49.5%	7.4%	22.5%	10.5%	15.8%	15.8%	60.4%
Proto Thema	27.0%	38.5%	8.6%	39.7%	12.1%	11.5%	13.8%	67.8%
Kathimerini	26.0%	60.2%	5.7%	22.8%	17.1%	10.6%	21.1%	57.7%
Ta Nea	31.3%	34.4%	9.4%	31.3%	15.6%	3.9%	10.9%	73.4%
Avgi	48.7%	42.1%	9.2%	14.5%	18.4%	17.1%	18.4%	51.3%
Iefimerida	32.5%	31.3%	12.9%	35.6%	14.7%	6.7%	11.0%	76.7%
Eleftherotypia	6.3%	20.3%	2.3%	10.9%	6.3%	0.0%	2.3%	26.6%
Efimerida ton Syntakton	19.5%	31.3%	11.7%	9.4%	9.4%	6.3%	17.2%	35.9%

附件3　中国人和中国作为一个国家的受欢迎程度，2016年7月

2016年7月，71%受调查的希腊公民对中国人表达了正面

或非常正面的态度（11年前开展的一项类似的调查的数据是66%）。中国作为一个国家的受欢迎度为70%：40%的人对中国有绝对的正面看法，30%的人持有较为正面的看法。

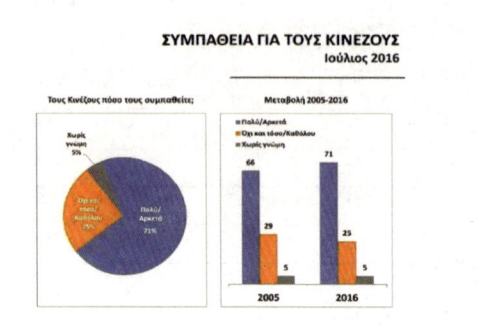

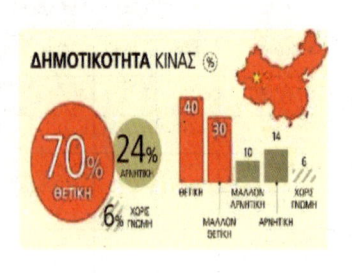

附件4 外国在希腊的受欢迎度，2005—2016年

2005—2016年，中国的受欢迎度在2013年达到了60.0%的峰值。尚不清楚2010年中国形象的迅速恶化应该归咎于什么因素。

	2005	2010	2013	2016	Change 2005-2016
France	77.5	84.0	72.0	75.0	-2.5
United Kingdom	41.5	25.5	43.5	61.5	+20.0
Russia	58.5	54.5	68.0	61.0	+2.5
United States of America	28.0	31.0	56.5	57.5	+29.5
China	55.5	36.5	60.0	53.0	-2.5
India	48.5	41.5	52.5	47.0	-1.5
Germany	78.5	29.0	33.0	44.5	-34.5
United Arab Emirates	43.5	41.0	43.5	25.0	-18.5
Turkey	19.5	12.5	22.0	7.5	-12.0

Source: Kapa Research, November 2016

附件5 和其他西方国家相比，希腊在对中国的正面看法上表现突出

和其他受调查国家相比，希腊人对中国表现出普遍正面的看法。2014年7月，希腊人在包括7个欧盟成员国和美国在内的 8 个样本国家中，以 49% 的比例持有对华最正面的看法。三年后，希腊在受调查国家中成为对华评价最正面的欧盟成员国。

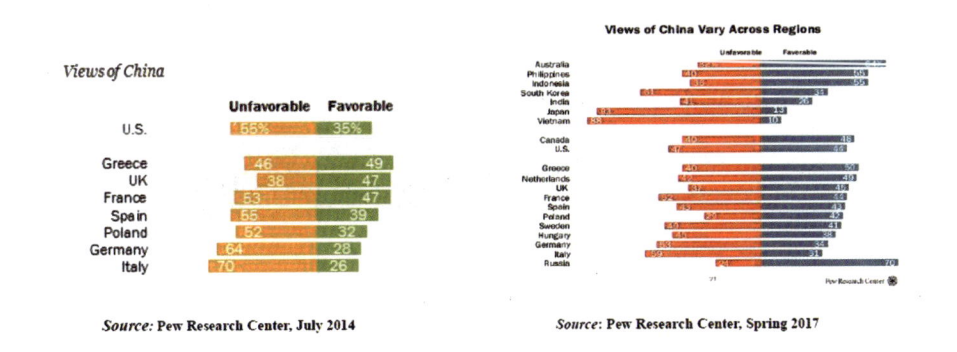

Source: Pew Research Center, July 2014

Source: Pew Research Center, Spring 2017

附件 6　对华正面看法：希腊位居欧盟成员国前七名

2017 年的欧洲晴雨表显示，45% 的希腊受访者对华持有正面看法（49% 的人持有负面看法）。只有另外 6 个欧盟成员国的公众持有比希腊对华更加积极的看法。

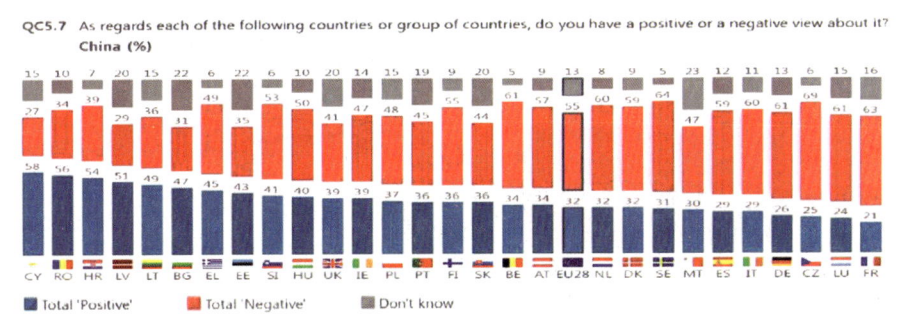

Source: European Barometer, December 2017

附件 7　在希腊人眼里，中国仍然是一个发展中国家

2016 年 12 月，大多数希腊人（79.3%）认为中国的经济发展相当不平等，尽管也有 17.8% 的人认为中国是一个富裕国家。

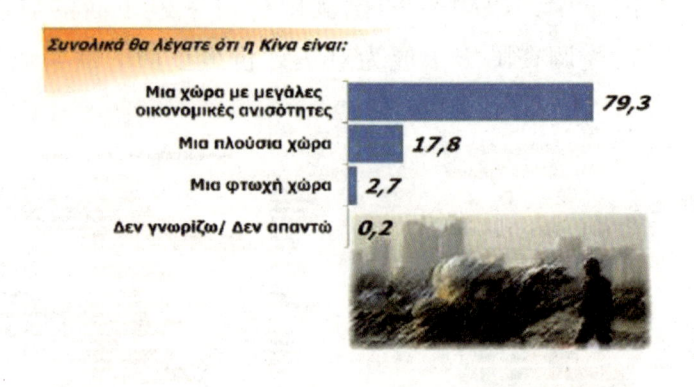

Source: GPO, December 2016

附件8 "友好的"中希关系

2016年12月,大多数受访者(81.9%)认为中希关系是"友好的"(51.3%)和"相对友好的"(30.6%)。

Source: GPO, December 2016

附件9 希腊人支持和中国建立更加紧密的联系

2016年12月,87.5%的受访希腊人赞同希腊应该和中国建立更加紧密的文化联系,支持开展更加紧密的经济合作的比重为83.5%,支持加强政治联系的比重为71.1%。

中国和希腊的全面战略伙伴关系　131

Source: GPO, December 2016

附件 10　三分之二的希腊人支持中希经济合作

2016 年 7 月受调查的希腊人中,有 67% 的人(47% 回答"是",20% 回答"可能是")赞同两国间在能源、旅游和制造业等部门开展经济合作。回答"既不赞同也不反对"的人数占到总被调查人口的 22%。

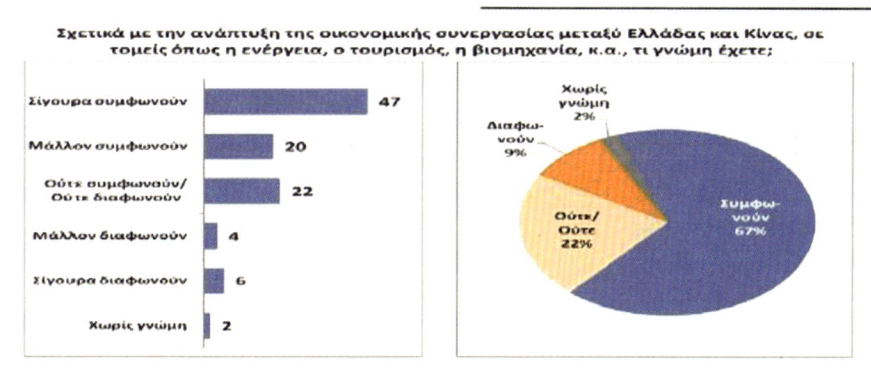

Source: Public Issue, July 2016

附件 11　希腊人希望中国的存在能够推动就业

关于经济合作,64.1% 的希腊人("是"和"也许是")认为中国企业的存在对希腊经济是有益的。令人印象深刻的是,77.9% 的希腊人("是"和"也许是")认为中国企业能够创造就业。对以上问题的否定回复("不是"和"不完全是")分别占到了 34.3% 和 21.0% 的比重。

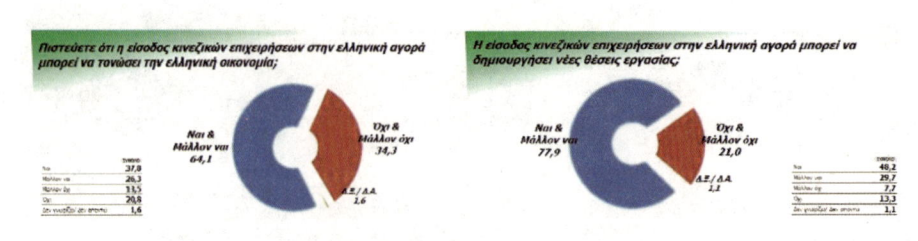

附件12 中国经济被视为是对欧洲的威胁,但不是对希腊的威胁

有61.5%的希腊受访者认为中国日益增长的经济实力对希腊的发展有正面作用。但与此同时,受访更大比重的希腊人(65.8%)认为中国经济实力的增长对欧洲是一种威胁。对于这一矛盾的两个可能的解释是:对欧洲的潜在威胁不一定视为对希腊的威胁,只要中国能够有助于希腊的经济增长,或者希腊人并不强烈感受到依存于欧盟。

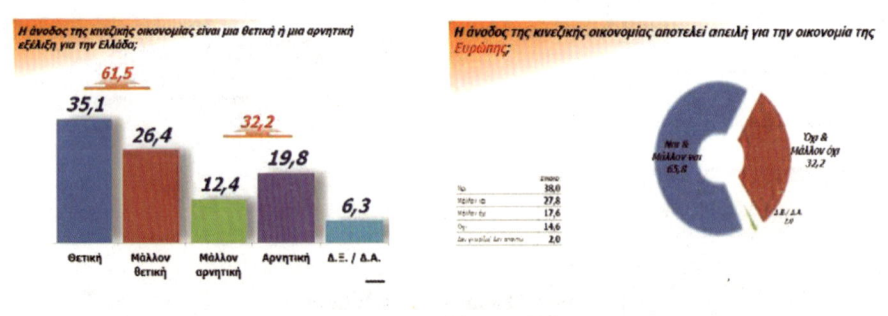

附件13 中国被视为是一个重要的政治伙伴,但不是一个关键盟友

受访者中的64.1%将中国视为一个希腊在国际舞台上的潜在盟友。当被问及"你认为中国是希腊在国际舞台上的盟友吗?"时,17.7%的人回答"是",46.4%的人回答"可能是"。但当希腊人将中国和其他选项做比较时候,事情就发生

了很大的变化。因此，在 2015 年 10 月，只有 3% 的受访的希腊人，认为中国能够成为该国的一个关键盟友。欧盟排在第一位（44%），俄罗斯以远低于欧盟的比例（12%）排在第二位。

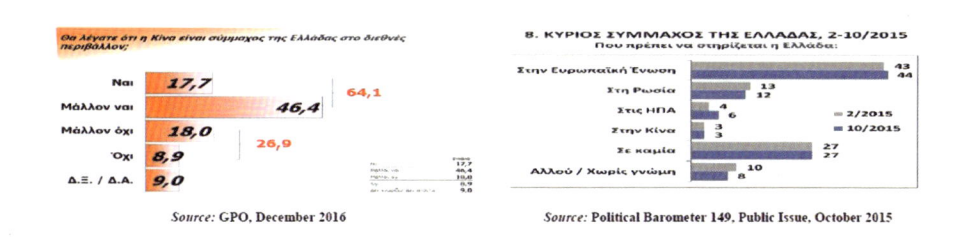

Source: GPO, December 2016

Source: Political Barometer 149, Public Issue, October 2015

附件 14　中国：希腊应该发展更加紧密关系的第二受欢迎国家

2016 年 11 月，当被问及"在你看来，和以下哪个国家发展更加紧密的关系符合希腊的利益？"（最多可选三个）时，47.5% 的受访者指向了俄罗斯，39.5% 的人支持中国，36.5% 的人则倾向美国。德国以 20.0% 的比例排名第四，紧随其后的有法国（16.0%）、英国（9.0%）、沙特阿拉伯（8.0%）、印度（4%）和土耳其（1.5%）。需要指出的是，这一问题没有区分政治关系和经济关系。

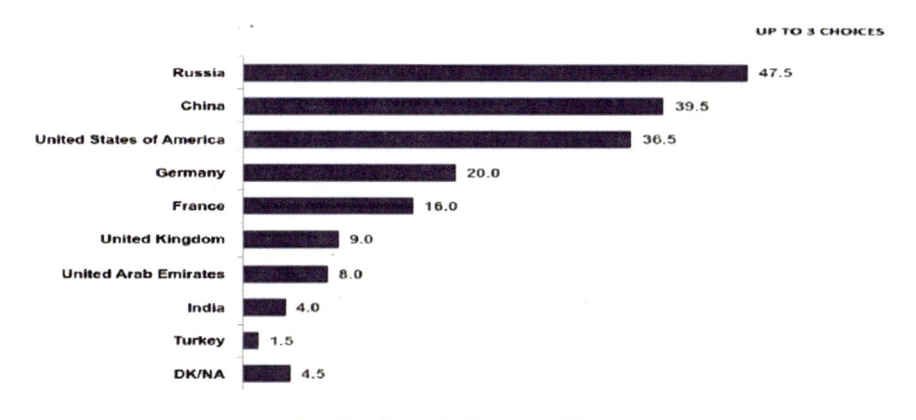

Source: Kapa Research, November 2016

附件 15　有关中国国际关系报道的明细

International Relations of China

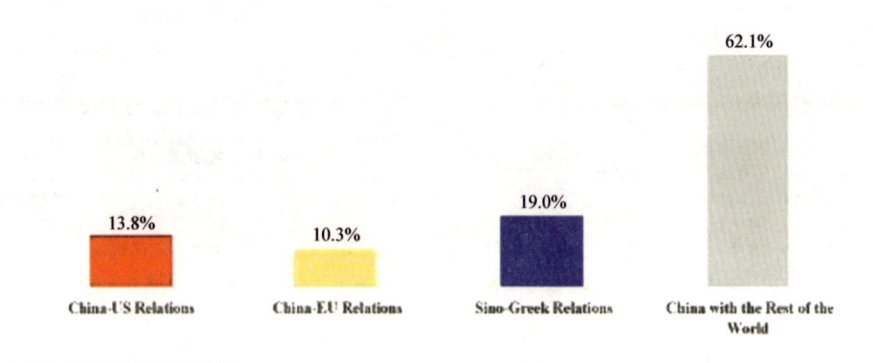

- China-US Relations: 13.8%
- China-EU Relations: 10.3%
- Sino-Greek Relations: 19.0%
- China with the Rest of the World: 62.1%

Source: Institute of International Economic Relations

附件 16　关于中国的媒体报道的内容和基调的平均值

关于中国的媒体报道的内容（-0.246）和基调（-0.239）都是负面的，尽管非常接近于中立。

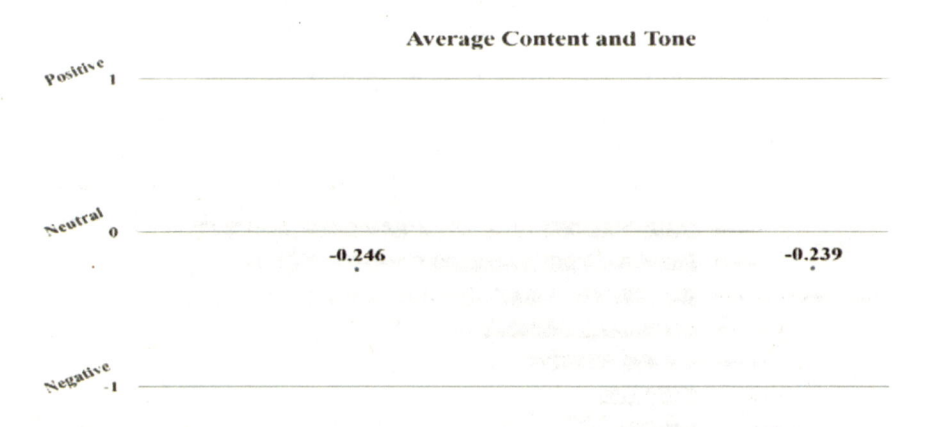

Average Content and Tone

- -0.246
- -0.239

Source: Institute of International Economic Relations

附件 17　亲政府媒体倾向于推销中国

内容性质和报道基调这两个关键指标的平均值，都轻微偏负面并接近于中立线。但是，和它们所支持的政党处于反对党一方时，亲政府的媒体往往倾向于拥有对华更加友好的内容和基调。此外，当媒体所支持的政党处于执政地位时，其有关中国的新闻报道中关于中希关系的报道增长了令人印象深刻的68.1%。例如，《自由新闻报》和《编辑者报》是左翼报纸和激进左翼联盟的坚定支持者，它们关于中希关系的报道自2015年齐普拉斯政府上台以来已经增长了6倍。

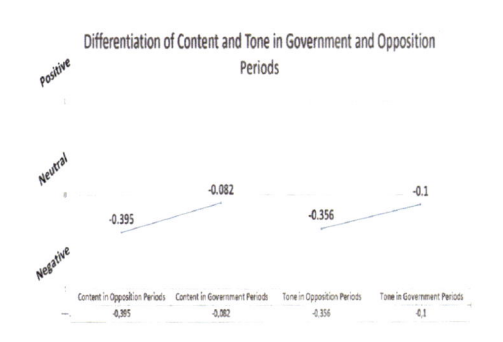

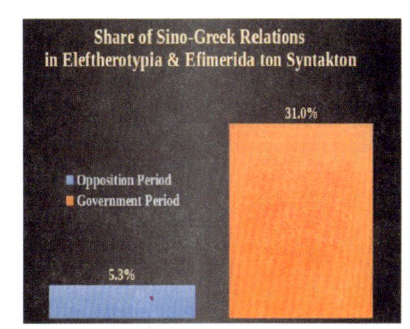

Source: Institute of International Economic Relations

附件18
主要是由高失业率导致的不满和焦虑。

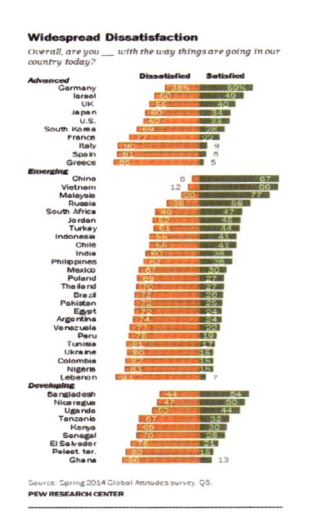

附件 19　超过三分之一的希腊人支持脱离欧盟

2017年，36%的受访的希腊人支持该国应该离开欧盟的观点，另有58%的人赞同就这一问题举行全民公投。

Little support for leaving EU, but many want a referendum on membership

- Our country should leave the EU
- Would support holding a national referendum on our country's EU membership

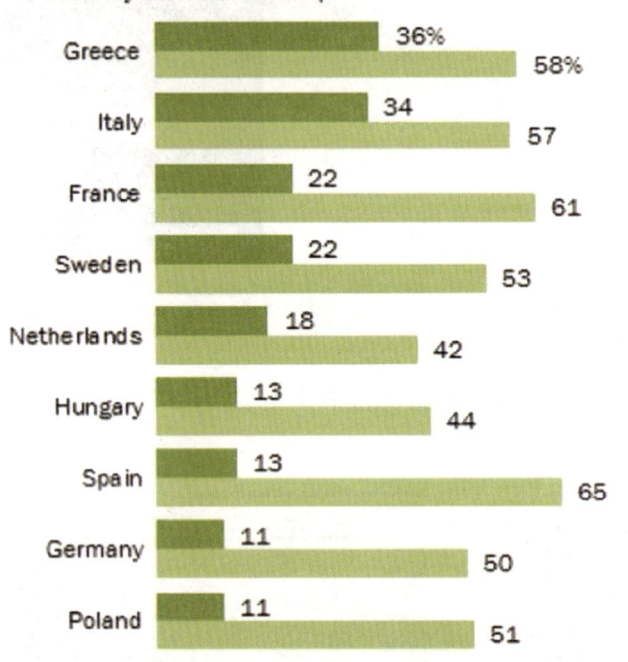

国家	Leave EU (%)	Referendum (%)
Greece	36	58
Italy	34	57
France	22	61
Sweden	22	53
Netherlands	18	42
Hungary	13	44
Spain	13	65
Germany	11	50
Poland	11	51

Source: Spring 2017 Global Attitudes Survey. Q44 & Q45.
PEW RESEARCH CENTER

附件 20　希腊人不信任欧盟能够保护其免受全球化的损害

2017年，希腊在欧盟成员国中对全球化问题看法的排名跌至谷底，只有29%的希腊人认为欧盟能够保护希腊民众免受全球化的负面影响。

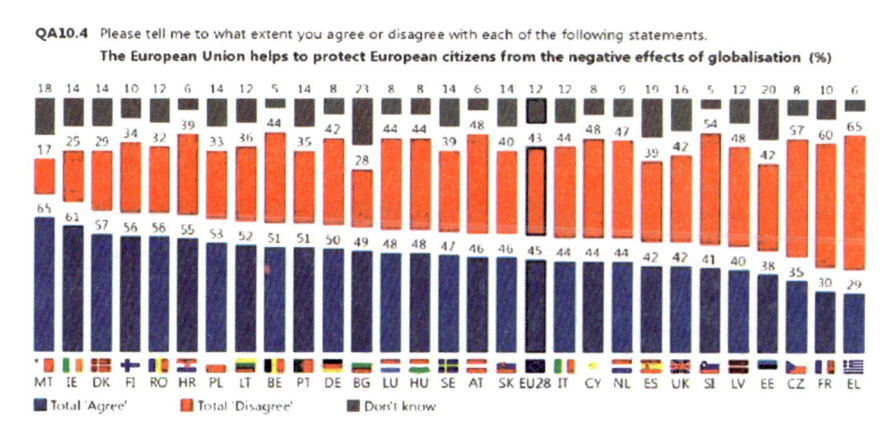

Source: **Eurobarometer-2017**

附件 21　希腊人不信任欧盟是与全球化有关的施予者

同样的，只有37%的受访者认为欧盟的援助有助于希腊从全球化中获益。

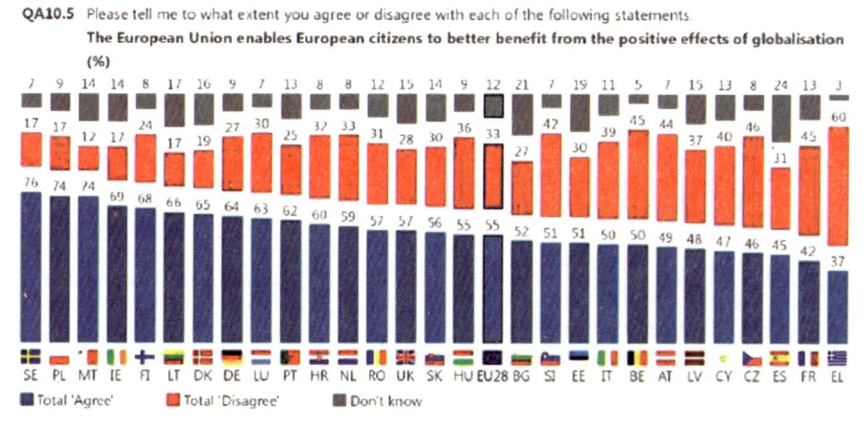

Source: **Eurobarometer-2017**

附件22　大多数希腊人对他们悠久的历史和灿烂的文化感到骄傲

A31. I'll read you two phrases - which one do you agree with more?

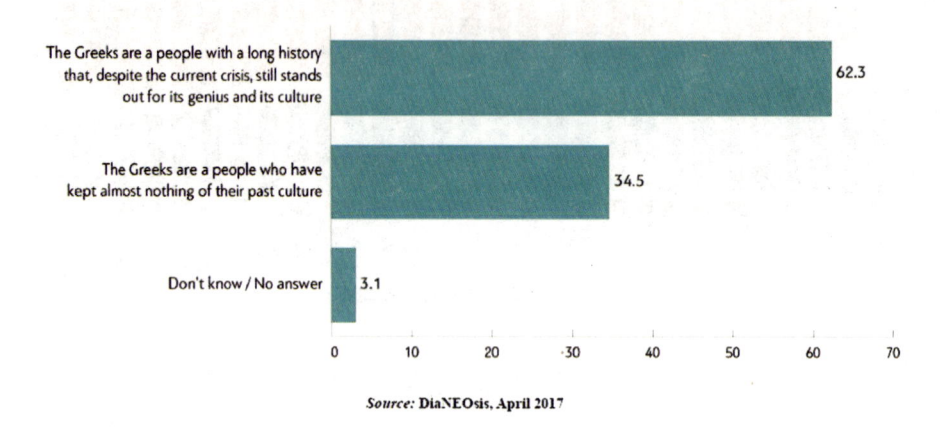

- The Greeks are a people with a long history that, despite the current crisis, still stands out for its genius and its culture：62.3
- The Greeks are a people who have kept almost nothing of their past culture：34.5
- Don't know / No answer：3.1

Source: DiaNEOsis, April 2017

附件23　俄罗斯在希腊的受欢迎度

2017年6月，希腊人对俄罗斯总统弗拉基米尔·普京的好感度（50%），明显高于以唐纳德·特朗普（19%）和安格拉·默克尔（16%）为代表的西方国家领导人。与此同时，希腊人更加支持俄罗斯（64%），超过中国（50%）和美国（43%）。

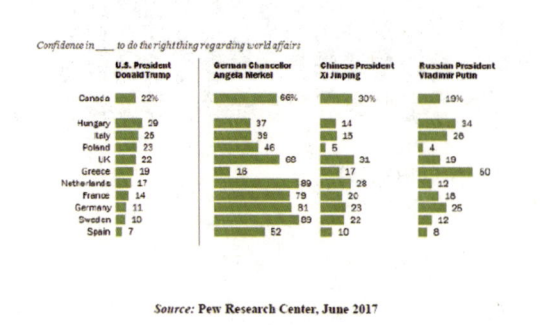

Source: Pew Research Center, June 2017

Source: Pew Research Center, August 2017

六 希腊的华侨华人与中希合作[*]

（一）希腊华侨华人概况

2019年4月，希腊正式加入中国—中东欧国家合作机制，"16+1"升级为"17+1"，中希合作关系进入新时代，在希华人群体在2004年雅典奥运会接待中方人员和2011年协助利比亚撤侨等活动中均做出了杰出贡献，然而近年来相关研究却比较匮乏，对希腊华侨华人情况进行全面、系统的介绍和考察将有助于中国政府、企业相关工作、决策的进一步精细化和高效化，也有助于促进中国社会对希腊华人群体的进一步了解和关注。

希腊华人的历史起源于19世纪初，当浙江籍温州人和青田人到达欧洲国家贩卖领带、石雕等小商品时，就有一些浙江华人进入希腊做小生意。但长期居住在希腊的华人寥寥无几，直至1951年亦仅有一名王姓华侨服务于当地的一家新闻媒体。1984年，希腊仅有华侨华人110多名。希腊华侨群体规模明显的扩大主要发生在1990年之后。1996年年初一大批来自于中国大陆的新华侨来到希腊贩卖纺织品，物美价廉的中国产品很快便俘获了希腊消费者的芳心，即便是地摊叫卖，生意也火爆异

---

[*] 作者系清华大学国际关系研究院刘娟平。

常，根据当时亲历者的口述，当地警察都要出动警力来帮助维持售卖秩序，这一波甜头又吸引了更多的华人奔赴希腊。据统计，2000年年底希腊华人总数已经增长到了5000人。

但真正使希腊华人人数暴涨的是2001年和2005年希腊政府对于非法移民的两次大赦，2001年大赦后希腊华人总数增长到1万人左右，而2005年秋季的大赦使得大部分原先居住在法国、意大利等地的华侨移居希腊，这一时期的华人总数在1.5万左右，在2008年希腊华人群体规模达到了高峰，仅在雅典Omonoia中国城聚集的中国商人就达到4万左右。然而受国际金融危机和希腊主权债务危机影响，2010年之后大量在希腊做生意的华人陆续离开，截至2011年，在希华人总数已经降至2万人。然而在2017年后希腊经济逐渐回暖，2018年希腊GDP增长2%，当年8月希腊政府正式宣布退出救助计划和紧缩措施，笼罩了希腊上空8年之久的惨淡愁云终于散开，经济的回暖也预示着希腊华人群体总数将在未来几年有一定的回升。

根据希腊国家统计局的统计数据，目前在希腊华人总数为2万人，主要居住地是首都雅典和希腊第二大城市塞萨洛尼基，

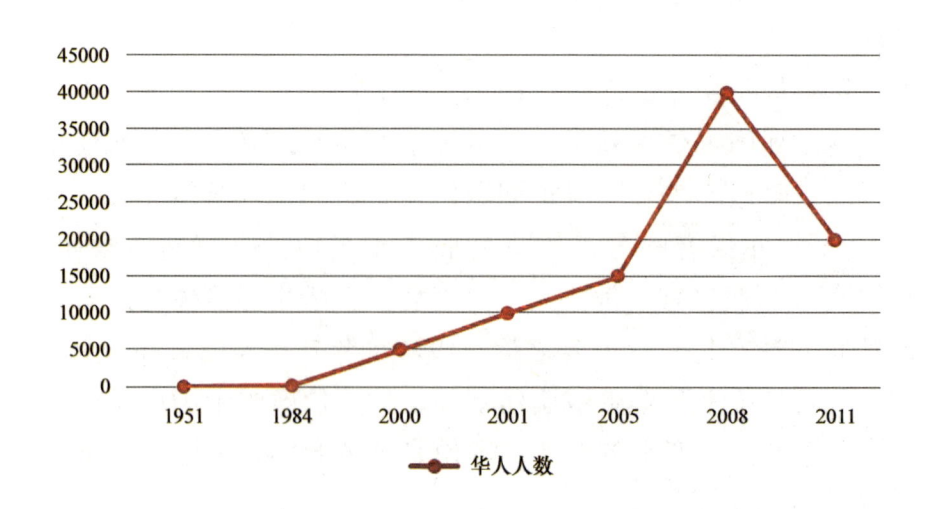

图6-1 希腊华人人数历史变化

也有一部分散居在克里特岛、罗德岛，居住在雅典的华人约16000人，居住在塞萨洛尼基的华人约3000人，散居在爱琴海诸岛的华人总数约1000人。雅典华人群体主要聚居在邻近协和广场（Omonoia Square）的中国城，在与雅典娜大街交汇的索弗克莱奥斯街道两侧，满目都是"某某贸易公司"的中文招牌，这些店铺主要经营服装、饰品和日用百货的批发零售，雅典乃至希腊各地的店主、摊贩均从此地进货，故被称为"中国城"。

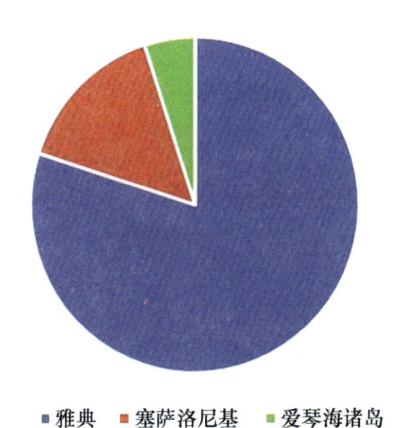

图6-2　希腊华人地域分布

希腊主要华人社团共有12个，分别为希腊华人华侨福建联合总会、希腊华侨华人妇女会、希腊华人华侨联合总会、希腊华人旅游业联合会、希腊华侨华总会、希腊华侨华人总商会、希腊青田同乡会、希腊中国和平统一促进会、希腊中希友好华侨华人协会、中希工商总会、希腊中国福建总商会和中希文化交流协会。《中希时报》是在希腊华人群体中影响力最大的希腊本土中文媒体，并创立了希中网这一希腊最大的中文门户网站。在中文教育方面，雅典有一所雅典中文学校。该学校创立于2004年，设有幼儿部和小学部，开设中文、武术、书法、绘画、希腊语等课程，于2018年4月3日被国务院侨务办公室授予"华文教育示范学校"称号，成为希腊第一所华文教育示范学校。

（二）希腊华人华侨现状

希腊华人华侨主要以经商和务工为主，但也有一部分是随中国远洋集团等中资企业进入希腊的中国员工以及赴希腊求学的中国留学生，下文将根据实地调研结果对希腊华人华侨三大主要群体进行介绍。

1. 希腊华商情况

希腊华侨群体以从事批发零售的个体商户为主，但也有少量从事导购、服务员的务工者，华商华工群体占希腊华人华侨群体总人数的90%。这一群体主要从事服装、饰品和小百货等商品的批发和零售。一般来说，在希腊经营生意和务工的华商华工大多是通过个人关系网络进入希腊并在此谋生。其创业或工作起点一般都是先来希腊打工而后寻求机遇创业，当然也有相当比例的在希腊长大或父母已在希腊经商的二代华侨。在受访者中年纪最长也是最早来希腊的赵先生在20世纪90年代初就到雅典打工，中年一代的庄先生和付先生则是先在意大利米兰等地做服装和餐馆生意，而后辗转到雅典。在雅典的年轻一代华侨一般都有一定的创业基础。王女士2002年来雅典投靠亲戚，刚开始在其店中工作，现在在经营自己的女装批发店；景先生和花先生的父母已在希腊经商多年，现在他们也分别开始了自己的生意。福建的令先生2000年来希腊打工，积累了一定资本后，拥有了自己的店铺，但受金融危机影响而倒闭，他当前在一家华商鞋包店中做导购员。

受访者普遍认为，2005—2009年是他们生意的高峰期。庄先生形容当时的盛况："不用开门，打开窗子就能做生意，国内的服装价格便宜，款式又新，希腊人特别喜欢。"这一时期也正是雅典中国城正式成型和在居华侨人口最多的时期。华侨们的生意和雅典中国城发展的转折点是 2008 年金融危机，由于希腊华侨所从事的是与金融行业关系不大的服饰批发等生意，金融海啸的影响并没有马上显现出来，经济危机导致的收入减少和失业率飙升在 2010 年，左右使得华侨们的生意受到了直接影响，陈先生估计其工作的店铺收益减少了一半左右，而刘女士则说："当时很多人都待不下去了，生意没了，只能回国或者去其他国家再打拼。"

对于现状，基本所有受访者都认为随着希腊经济回暖，生意也逐渐有所恢复。相对于父辈对于本业的勤恳专注以及与当地政治社会的深刻隔阂，年青一代华侨明显对希腊、欧盟政治形势更加了解也更加关注这些因素对生意的影响。景先生称："希腊经济脱离了负增长，政府又开始发债了，政府有钱了说明经济正在恢复"；陈女士则指出，国内对金融危机以及法国黄马甲运动的影响有所夸大，这与媒体过度炒作不无关系，经济、政治方面的动荡对普通侨民的生活影响有限。蓝先生认为整体经济转暖的背景下，不同行业的发展前景和机遇不尽相同：受金融危机影响，希腊房价下跌，故而在希腊买房、投资移民的中国人越来越多，但失业率上涨和收入减少又使得旅游业较之前几年有所下滑。年纪较长的庄先生和付先生对中国城未来的创业环境并不乐观，他们认为当前相比低谷期虽然有所好转，但新创业者处境艰难：店面房租高昂且数量稀少，新客源难以开辟；更具有根本性转变的是危机之后希腊人消费观念倾向于储蓄而非消费。对于现状的认识，青年华侨明显更加综合全面，比如景先生、花先生和温先生等年轻人都从希腊、欧盟大选等政治因素去分析现状，而年长一些的华侨更多是从直观感受和经验进行判断。

与上文中雅典华侨的工作、创业经历相类似，受访者们对现状的评价和未来的规划都与其年龄阶段呈紧密相关的趋势：

20—30 岁的华侨对现状的评价更为积极并倾向于在希腊长期发展，30—50 岁的华侨对现状的评价相对保守并表示或早或晚要回国养老。在对子女的教育方面，中年华侨倾向于让子女接受国内教育，一般是在国内读完小学或者初中后再到希腊继续读书或者工作，而有两个孩子的华侨家庭一般是一个在国内一个在国外，如赵先生、庄先生和付先生都是孩子中的老大在希腊做生意，老二在国内读书；而青年华侨则倾向于让孩子直接在希腊读书，王女士和景先生各自的孩子都在雅典上小学，在华文学校和希腊学校同时就读。

2. 希腊中资企业中国员工情况

目前希腊规模较大的中资企业共有 12 家，分别为国航、船级雅典分社、中远、中海、汉能希腊、华为、比港码头、新时代集团希腊公司、中水电国际太阳能组、天华阳光、中兴和中希海商。① 希腊中资企业比较显著的特点是公司员工以希腊本地人为主，主要是考虑到公司开展业务的便利。在管理层中，最高管理者和财务等职务一般由中国籍员工担任，以中远希腊分公司为例，除总经理邓先生和财务总监陈先生以外，其管理层基本都是希腊人。

在与中资企业员工的谈话中，发现中资企业一般员工交际圈子极其狭小，基本只与有工作联系的同事们打交道，而对于在雅典中国城的华商们也并不熟识，平时的生活轨迹也比较单一，在工作之余有假期回国看看家人朋友算是他们最大的慰藉。他们和当地社会的交流、融合程度较之华商更低，但在中国同事内部却形成了一个紧密的小圈子，平时聚餐娱乐都在一起，也会相互提供帮助。在对未来职业规划和发展期望方面，大多数中资企业员工希望回到国内公司总部去寻

---

① 希腊中资企业联系信息请查找：驻希腊大使馆经济商务参赞处，网址：http://gr.mofcom.gov.cn/article/catalog/201505/20150500973217.shtml。

求进一步的发展。

3. 希腊中国留学生情况

当前在希腊的中国留学生有500人左右，他们大多集中在雅典，如雅典国际科技大学、雅典大学等，也有一部分在亚里士多德大学、克里特大学和帕特拉斯大学等学府求学。他们的籍贯构成复杂，所学专业也不尽一致，但由于共同的华人身份，一般都会以学校为单位形成群体，通过微信等社交工具彼此联络，分享学习、兼职和生活等相关信息。由于具备语言优势，希腊华人企业尤其是旅游和房地产等公司也会聘用一些中国留学生当兼职翻译和助理。而在具体的职业规划方面，大部分留学生都希望回国工作或者去欧洲其他国家的名校继续深造。

目前，上海交通大学、上海外国语大学、长安大学、南京古生物研究所等国内高校和科研机构都和希腊亚里士多德大学、爱琴大学等希腊高校签订了合作协议和备忘录。可以预见的是，在未来几年中国赴希腊留学的人数将有望进一步增加。

（三）希腊华人华侨群体的主要特点

第一，希腊华人华侨群体同质性较高。这一特征主要体现在籍贯、年龄和行业等方面。希腊华侨的籍贯分布以浙江温州人、青田人、义乌人为主体，福建人次之，其他地方的华人占少数。希腊华人年龄分呈布橄榄形结构：1—20岁人口占10%，20—30岁人口占35%，30—50岁人口占45%，50岁以上人口占10%，希腊华人华侨群体中30—50岁阶段人口是主体。希腊华人华侨从事行业以贸易批发为主，华商中有70%左右从事服装、饰品和鞋包的批发和零售，15%从事日用百货的零售，10%开中餐馆和中国超市，5%左右的华人从事旅游业和房地产行业。

■ 温州 ■ 青田 ■ 义乌 ■ 福建 ■ 其他

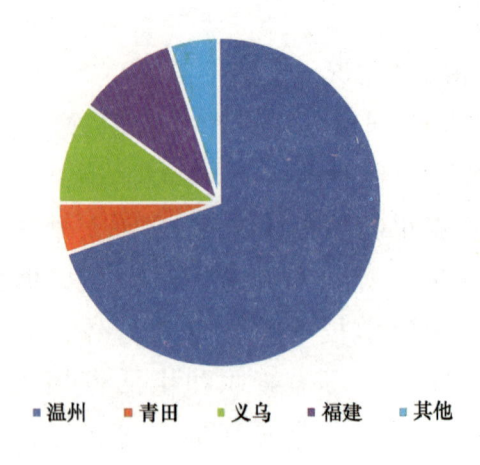

图6-3 希腊华人华侨籍贯分布

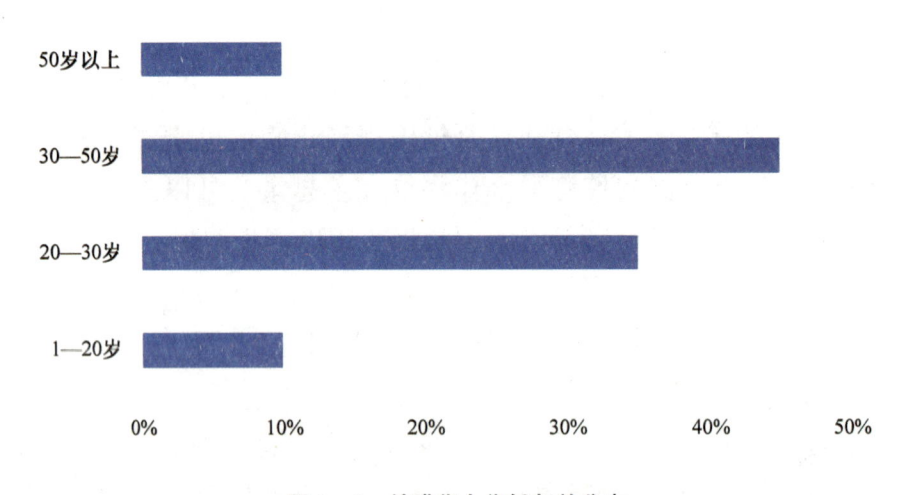

图6-4 希腊华人华侨年龄分布

第二，希腊华侨的籍贯和其所从事行业紧密相关。90%的温州华人华侨都在从事服饰、鞋包的批发和零售，义乌籍华商则多做小百货批发的生意，这是因为温州发达的服饰制造业和义乌驰名全国的小商品制造业为他们提供了稳定廉价的货源。但是，值得注意的一个现象是随着国内制造业的调整，希腊华商贸易公司的货源已经从主要依靠国内供货转向了从法国、意大利等欧盟制造业大国进货，实现了货源多样化。

■ 服装、饰品、鞋包　■ 日用百货　■ 中餐馆、中超　■ 旅游、房地产

图 6-5　希腊华人华侨行业分布

第三，希腊华人华侨社团建设较为成熟。如前文概况中所述，希腊华人华侨社团数量多，涵盖面广，并且在雅典奥运会接待中方人员和协助利比亚撤侨等活动中发挥了重要作用。并且，华人社团在希腊当地社会中也享有较高的声誉：2015 年 10 月，希腊雅典八个华人华侨社团自发组织捐赠活动，以帮助滞留在该国的难民，将筹集到的总价 25 万欧元物资运抵雅典难民物资接收站，包括衣服、毛毯、鞋子及生活用品等，时任希腊总理齐普拉斯致电中国驻希腊大使，对希腊华商的善举表示感谢，并充分肯定了希腊华人融入希腊社会所做的努力；2015 年 11 月，希腊华侨华人妇女会在会长陈雪艳的组织下，将 1200 桶高脂牛奶送到了雅典难民局物资捐赠接收站，该善举受到当地政府和民众的一致赞赏。这都得益于希腊华人社团成熟的社团建设和组织能力，希腊华人社团组织架构完整，大多设有办事处和网络平台，为希腊华人华侨的日常生活提供了巨大帮助。

第四，希腊华商以家族式经营为主。希腊华商店铺大多是夫妻经营，也有一部分是由父子、亲戚朋友共同经营的，甚至包括店中的工作人员也大多是店主的朋友老乡，家族式经营特征明显，其扩大经营的方式一般是父母成功创业的基础上为子女提供资金帮助另开新店。也有一部分店主雇佣希腊本地人以及南亚移民充当售货员，这是因为本地人有语言优势而南亚人普遍能接受较为低廉的工资。

第五，希腊华人华侨对中国身份认同度较高，同国内联系紧密。在实地调研中，接受访问的90%左右的华侨都没有加入希腊国籍的意愿，希腊华人整体对中国人身份的认同度较高，并且30—50岁左右的华人华侨普遍有回国养老的想法，但与之相反的是20—30岁左右的年轻华侨尤其是二代华侨虽然有保持中国国籍的意愿，但绝大多数表示应该会长期留在希腊，没有回国工作创业的打算。此外，绝大多数的华人华侨都同国内的家人朋友保持着紧密联系，一般每年都会回国1—2次，而华人社团也与国内政商文教各界保持着友好关系，并开展了诸多合作。

第六，希腊华人华侨各群体间内部凝聚力较强。由于希腊华人华侨人数较少、同质性高且族群聚居特征明显，故而各华人群体间交往频密、内部凝聚力较高。例如，在雅典中国城聚居的华商华工大都相互熟识，并乐于相互帮助，不管是日常聚餐旅游还是每逢节假日举行集体活动，都反映出了其内部凝聚力强的特征。而中资企业员工和中国留学生由于其人数更少，故而一般都以企业、学校为单位形成了规模较小但内部凝聚力强的华人圈子。

（四）希腊华人华侨发展的主要困难和主要机遇

希腊华人华侨群体发展面临以下主要困难：

第一，经营模式单一。希腊华人华侨集中于服饰批发等行业，受近年来国内制造业调整的影响，其货源已经从主要依靠国内进口转向从国内、意大利、法国等地进口，成本较以前有所提高。并且华商单一的家族经营和传统的批发零售模式受到地域、交通乃至天气的制约，无法进一步扩大规模、提高效益，故而亟待进行商业模式的转型和升级。

第二，与当地社会融合度较低。由于族群聚居的特点，希腊华人华侨与当地社会互动较少，融合度较低。在日常生活中，华人的工作、生活、娱乐都由本族群自给自足，除生意往来外基本不会与希腊当地人有多少交集。华人精英可能还会接触希腊政商各界，有比较广泛的当地人际关系网络。但对于一般的华商和普通工作人员，与之打交道的基本都是中国人。这就导致了在政治生活中，华人基本没有参与感和发言权，而当地人对华人的了解程度也较低。

第三，各群体间差异大、交往程度较低。虽然华商华工、中资企业员工和中国留学生等各华人群体内部凝聚力较高，但由于家庭背景、受教育程度以及工作生活经历等各方面的巨大差异导致各华人群体间存在一定隔阂，交往程度较低，往往各行其是，加之与当地社会融合度较低，各华人群体成为一座座互无交通的"孤岛"，这是希腊华人组织集体行动、提高族群话语权和政治参与度的最大阻碍。

希腊华人华侨发展面临以下主要机遇：

第一，希腊加入中国—东欧国家合作机制。希腊加入中国—中东欧国家合作机制后，将进一步促进中希双方、希腊与中东欧国家间的经贸、人文合作，这对于希腊华侨华人来说是其发展面临的重大机遇。一方面中希合作的加深将提升华人在希腊社会中的话语权和形象，并且也将提供大量与国内企业进行商业合作的机会；另一方面，在"17+1合作"机制下，希腊华人华侨可将其事业拓展到中东欧地区，并与中东欧地区华人华侨展开交流合作，实现该机制下华人华侨的联动发展和多向合作。

第二，积极参与"一带一路"建设。2018年8月，国务委员兼外交部长王毅会见来华访问的希腊外长科恰斯时，双方签署两国政府间共建"一带一路"合作谅解备忘录,希腊成为与中方签订此类备忘录的首个欧洲发达国家。虽然中希当前围绕"一带一路"建设开展的合作主要聚焦在交通枢纽、能源等领域,如比雷埃夫斯港合作项目和中欧陆海快线建设,但希腊华人华侨仍然能以多种方式参与其中,如华人社团能够为中远等中资企业在希腊开展业务提供咨询、联络,而中资企业也可以吸收希腊华人参与公司工作。

第三,中希文化交流进一步加深。2017年4月,中希文化交流与文化产业合作年启动仪式在希腊雅典拜占庭博物馆举行,双方就文化交流和文化产业合作签订了协议和备忘录。这意味着中希双方的文化交流与合作又迈上了一个新的台阶,希腊华侨华人可借此东风投资文化、旅游等产业,在促进中希双方文化交流的同时,开发希腊和中国的文化旅游资源,充当双方文化交流的桥梁和中枢,从而实现产业转型。

第四,希腊旅游知名度提升。2017年赴希腊的中国游客达12万人次,比2016年增加了35%以上——这还不包括通过法国或意大利等欧盟国家入境的游客。雅典卫城、圣托里尼等希腊著名景点在国内的知名度进一步提高,这就为在希腊从事旅游业和房地产行业的华人华侨提供了重大商机,当前希腊主要的华人旅行社共有五家,分别是:希腊雅典丝绸之路国际旅行社、幸福游艇俱乐部、爱琴海国际旅行社、希腊中华旅行社和希腊爱琴假日旅行社,而从事投资行业的华人也较少,这都意味着相关市场有很大开拓空间。

七　政策建议

（一）重视党际交往，提升政治互信

中国共产党同希腊政党展开了广泛的党际交往，对于提升与合作伙伴国的政治互信发挥了积极的作用。从历史上看，中国同希腊的主要政党如新民主党、泛希腊社会主义运动党、激进左翼联盟等都保持了友好交往。从政党关系看，无论其在任内还是在野，中国共产党都与希腊各政党保持了友好交往的历史。新民主党的缔造者老卡拉曼利斯早在1979年就访问中国，与中国共产党结下良好友谊。而作为继承新民主党衣钵的现任总理也将维持同中国的关系。而作为泛希腊社会主义运动党代表的帕潘德里欧也积极参与"一带一路"建设，目前是"一带一路"建设国际顾问。未来中国要同希腊保持常规交往，开辟沟通渠道，提升政治互信。

（二）发挥好大项目的示范效应

比雷埃夫斯港作为两国最大、最重要的合作项目，是中希合作的龙头。它不仅能为希腊创造成千上万个新的就业岗位，为其经济复苏注入强劲活力，也可以使比港成为丝绸之路的"海上驿站"，为中国船舶和人员提供补给和后勤服务。在中国企业经营比港后，情况发生了明显的变化，无论是在运营数据，还是在经营效益上，中远海运对于比港的建设成效卓著。按照最新的联合国贸发会议 2018 年海运回顾数据显示，比雷埃夫斯港口已经跻身欧洲十大港口之一，世界排名由 90 多位爬升到第 36 位。[①] 由此看来，中远比港项目符合中希双方的发展利益。未来，中远比港项目还将与新的匈塞铁路一起构成中欧陆海快线的欧洲部分，进一步带动希腊海、陆、空交通运输设施的优化升级，巩固希腊作为地中海交通运输枢纽的地位；以比港为枢纽的中欧陆海快线将新的海上丝绸之路同陆上丝绸之路连接起来，有力地促进中国与亚欧国家之间的经贸合作，为世界经济增长提供新的引擎。

此外，中远比港项目对于希腊吸引中国及其他国家的投资具有标志性意义，为希腊打开了通往国际资本市场的大门，这对于希腊走出危机后实现经济振兴与国家繁荣具有深远的影响。中国应该积极发挥比港这种大项目的示范效应，推动双边经贸投资合作再上新台阶。

（三）以海运合作为突破口，推动贸易提质增效

希腊是世界上最早进行造船和海上航行的国家之一。海运业对全球经济活动至关重要，全球 80% 以上的商品贸易依靠海运。目前，希腊控制的船队（即船主为希腊公民，不论船舶的旗帜）在全球排名第一，占世界总运力的 20% 左右，约占欧盟国家运力的 50%。希腊拥有千吨以上的各类货运船舶 5283 艘，总载重吨数为 4.14 亿吨，同比 2017 年增长 13%。是名副其实的世界第一航运大国，在全球航运业中占据十分重要的地位。

---

① Review of Maritime Transport 2018, UNCTAD, https://unctad.org/en/PublicationsLibrary/rmt2018_en.pdf.

根据希腊船东联盟发布的 2017—2018 年度报告，作为传统经济支柱产业，航运业 2017 年为希腊带来了 91.4 亿欧元（约合 107 亿美元）的外汇收入，同比增长 16.91%。考虑到直接贡献和对法律服务、房地产、物流、保险和炼油厂等其他部门的间接影响，海运业对希腊 GDP 的贡献超过 7.5%，为全社会创造了近 20 万个就业岗位。①

中国也是世界上重要的海运强国。在海运发展规划层面，中国国务院于 2014 年发布《关于促进海运可持续健康发展的若干意见》，提出建设海运强国的目标，并将海运业列为对经济社会发展重要的产业。到 2020 年，中国将基本建成便捷、安全、高效、绿色、具有国际竞争力的现代海运体系，适应国民经济安全运行和对外贸易发展需要。中国从政府层面确定海运建设关乎中国建立"海洋强国""贸易强国""交通强国"。得益于国家战略层面的支持，中国的海运能力在过去 10 年间得到迅猛发展。中国平均船龄由 2010 年的高于世界水平 4.3 年调整为 2018 年低于世界水平 3.1 年，平均吨位低于世界水平 8% 调整为高于世界水平 6%。在港口建设领域，形成两大全球性的码头运营商：中远海运集团和招商局集团。两大运营商依托各自集团优势及自身商业模式探索创新，2017 年分别完成集装箱吞吐量 10372 万 TEU 和 10290 万 TEU，位居世界前两位。②

因此，中希合作的重点可放在港口和海运合作上。双方合作应以港口建设为基础，以海运合作为依托，重点发展物流、海铁联运、海空联运，吸引更多的企业到比港落户，包括高科技生产型企业等，以达到集聚效应，进而形成"建设运营一体化模式"。

---

① http://gr.mofcom.gov.cn/article/ztdy/201906/20190602873756.shtml.
② 贾大山：《中国海运发展的历史性转变》，《中国远洋海运》2018 年第 11 期。

随着"一带一路"倡议及中国"海洋强国"战略的提出，中希海运合作也进一步加强，两国领导人也在多个场合支持中希海运合作。在2014年的"中希海洋合作论坛"期间，李克强总理表示除了要继续打造比港合作亮点外，要推进中希航运产业合作，逐步向制造、设计、运输、营销、金融保险、仓储物流等全产业链扩展。而时任希腊总理萨马拉斯则表示愿成为中国进入欧洲的门户和枢纽，与中国加强海洋合作，共同推进"21世纪海上丝绸之路"建设，推动希中和欧中合作不断结出新的硕果。2010—2018年，中国和希腊共签署19个重要双边协定，其中有7个与海运合作相关。

（四）寻找中国、希腊、欧盟合作的契合点

作为一个接受欧盟救助的重债国，希腊的经济发展战略目前主要与欧盟对接。因为其经济赖于生存和发展的资金掌握在欧盟等债权人手中。无论是上任激进左翼联盟政府，还是新一届新民主党政府，其制定的国家发展战略主要按照欧盟救助协议的要求制定。其中，结构改革是重点，施政目标是刺激经济增长，改善营商环境，吸引外国直接投资，推动外向型经济的发展，使希腊成为有竞争力的经济体。希腊政府对"一带一路"的积极响应和支持是希望抓住机遇，吸引中国的投资，扩大对中国的出口，吸引中国的游客，促进希腊的经济复苏。

因此，"一带一路"倡议与希腊发展战略的对接，首先要了解欧盟为希腊经济改革的设立的路线图和日程表，从中寻找中国、欧盟和希腊的利益契合点，选择三方都能获益的项目。比如中国在希腊最成功的投资项目——购买比港67%的股权，也是欧盟对希腊提出的私有化计划的一部分。前任齐普拉斯政府最终启动比港股权出售、与中国加强合作也是迫于欧盟要求加

快希腊私有化的压力。现任米佐塔基斯政府的首要议程也是与欧盟谈判，获得"基本财政盈余"目标松绑后，才能继续推进刺激经济增长的计划。因此，加强在"一带一路"上与希腊的合作，必须熟悉欧盟对希腊的改革要求和相应的规则，对于欧盟对希腊经济政策的影响力要有充分的估计。

（五）推动对希腊投资的多元化

中国在希腊的投资只占据希腊外来资本的一小部分。根据希腊央行数据显示，2017年，希腊外资国家（地区）排行，排名前三的分别是瑞士、德国及塞浦路斯，中国排位未进第十。[1] 中国对希腊投资从项目额看，主要还是以国企为主导。随着华为、阿里巴巴等民企的进入，这种情况有所改变，中国在希腊的项目会逐渐从国资主导变更为国企和民营资本共同投资发展。

"一带一路"的"五通"需要民营企业的积极参与。中国民营企业种类多、数量大、机制活，以及亲和力强。民营企业服务于"一带一路"沿线国家与地区的市场，社会经济效应更明显。而且，"一带一路"已进入"2.0"时代的建设期，民营企业的加入有助于构建市场、企业和政府之间良好的合作伙伴关系，为推动"一带一路"的全方位国际合作发挥重要的作用。[2]

与此同时，民企的进入，可以使中国在希腊的投资更为多元、风险分散化。民企不仅在价值链布局、市场开拓、品牌营销、产能转移、降低成本、扩大利润上有更多的灵活性和优势，而且参与"一带一路"的模式也多种多样，既有"抱团出海"，

---

[1] https://www.bankofgreece.gr/en/statistics/external-sector/international-investment-position/direct-investment.

[2] 王海峰：《民营企业参建"一带一路"的愿景和思路》，《中国国情国力》2017年第9期。

依托海外经贸合作区，集群式"走出去"；也有借助国企平台，实现依附式"走出去"；还有独立开展产业链"走出去"；更有与国际知名品牌企业合作"走出去"等模式。① 民企的参与对国企在海外的投资经营是非常有益的补充，可淡化中国企业海外投资的政府色彩，避免外界的过度解读和误解。

就希腊情况来看，其中小民企占比99%以上，但雇佣的劳动力占全国70%以上，并提供全国70%以上的新就业机会。自2009年债务危机发生后，希腊的中小企业倒闭了四分之一以上，青年失业率高达50%，大量年轻人出走希腊。"一带一路"的目标是与沿线国家建立合作发展的利益共同体和命运共同体，理应针对上述民生问题加强与希腊的合作。但希腊中小企业主表示，没有能力对接如此宏大的倡议，既无法和"一带一路"先行者——中国大型国企进行有效合作，也无法借助"一带一路"进入中国内地市场。如果中国民企进入希腊，则可以对接地方上的中小企业，通过投资和贸易促进中希的经济往来，也可回应希腊中小企业亟需资金和扩大生产就业的问题以及政府促进就业的施政诉求。

简而言之，如果在"一带一路"建设中形成国家力量与民间力量的双轮驱动，实现国家（国企）对外战略型投资与民间（民企）对外收益型投资的有机结合，就可有效对冲风险，与希腊各个层面的企业、商业团体对接，满足民众的利益诉求。

从投资环境来看，希腊的确存在很多不足：人口少，国内市场相对狭小；融资困难，市场风险较高；政策及法律变动较为频繁，不利于企业制定投资和发展战略，影响企业投资回报率；资源能源不够丰富，工业基础相对薄弱；工会势力比较强大，有时会影响到企业的正常运营；从中东、北非渡海而来的

---

① 蓝庆新：《应大力推进民营企业参与"一带一路"建设》，《学术前沿》2017年第5期。

难民增多，加剧了社会的不稳定。新民主党上台后，大力改善营商环境，从投资法规友好、申请流程优化，税收优惠和完善服务上吸引国外资金。目前希腊处于经济复苏时期，投资的窗口机会仍在。加上新政府将按照国际债权人（欧盟等）要求，极力推进私有化计划，对象包括港口、机场、铁路、公路、电力公司等。中国企业可凭借先行一步的优势，利用经济复苏的机会窗口期，拓展在希腊的投资合作。在扩大双边贸易方面，也要回应希方提出的减少贸易逆差的要求，帮助希方增加对华出口，民企亦可在其中发挥积极作用。

（六）加强文明对话，推进民心相通，打造命运共同体

当今世界形势复杂多变，全球依然存在动荡与混乱，世界和平依赖于不同文明间的对话交流。因此，中国和希腊作为文明古国，应该承担世界文明对话、沟通交流的责任，在此高度上推动民间交流，最终达致民心相通。

毋庸置疑，两国民间交流的密切程度决定相互认识的程度，最终将决定双方合作的广度和深度。从目前而言，中希的民间交流仍然缺乏有影响力的主体和机制化的平台，这大大限制了人文交流的深度和广度，更谈不上文明高度上的对话。因此，要鼓励社会力量尤其是非政府组织如民间团体、大学、研究机构、智库、媒体之间进行机制化交流，使社会力量成为"一带一路"建设的生力军，政府主导的文化交流、舆论宣传、信息推广的传统公共外交要向真正的民间交流转移，中希文化、教育、学术交流的责任主体要从政府层面转向企业和社会力量。

2016年，中国在意大利的留学生超过1万人，而在希腊的中国学生只有50人。每年有超过300万中国游客去意大利旅游，来希腊的中国游客数量虽然有所增加，但2015年全年人数

也不过 15 万,[①] 2018 年增长至约 20 万。由此看来,中希之间民间交流的深度与两个文明古国成为互鉴互学文明典范的地位并不相称,亟待加强。

从 2017 年开始,希腊经济进入复苏阶段,GDP 增长率为 1.3%。穆迪、标普和惠誉上调了希腊主权信用评级,表明这三家国际评级机构看好希腊的发展前景,认为希腊的政治风险有所降低,经济正在逐步复苏,公共财政状况有所改善。2018 年,希腊 GDP 增长率达到 1.9%。希腊国家统计局的数据显示,失业率正在稳步下降。2019 年 1—7 月,希腊已分别发行 5 年期、10 年期和 7 年期三笔国债,共筹集资金 75 亿欧元,已超额完成年度融资目标,而且 7 年期国债因为投资者认购额度大幅超过初始发行计划,使收益率最终低至 1.9%。[②] 这是希腊全面重返国际市场融资的成功试水,表明国际上对希腊经济发展的信心正在上升。希腊中央银行还提议 9 月底全面取消资本管制,以提升希腊的信用评级,提高投资等级。

中国应利用希腊经济复苏的机遇窗口期,与希腊加强合作,在"一带一路"建设中携手并进,相向而行,共同实现文明古国的振兴。

(七) 提升中希智库合作水平

笔者在与希腊智库专家的交流中了解到,他们迫切希望加强与中国智库的合作。与中希发展迅猛的经济合作相比,智库合作远远滞后。中方可能未意识到双方智库合作的重要性及其

[①] 《驻希腊大使邹肖力在"广西电视展播周"开幕式上的致辞》,2016 年 6 月 19 日,外交部网站,www.fmprc.gov.cn/web/dszlsjt_673036/t1373364.shtml。

[②] 《希腊发行 25 亿欧元 7 年期国债》,2019 年 7 月 17 日,新华网,http://www.xinhuanet.com/2019-07/17/c_1124763430.htm。

联动效应。因为智库的密切合作可以支持双方的政治和经济关系的发展。而且，希腊智库拥有顶尖的专家，在欧洲（还有美国）有自己的交流渠道、关系网络和资源，也与欧美一些智库、政界人士保持了密切的关系，可以为中欧（美）关系的良性发展提供帮助。此外，中希智库的合作可以邀请商界精英的加入，三方合作具有很大的空间。

目前，中希智库交流仅限于短期的互访（中国的情况更为突出），这不利于双方进行持续、有效和深入的交流。中方所说的民心相通缺少机制化途径。就智库合作而言，建议中国在希腊设立研究基地，开展长期的研究合作项目，并建立相应的合作制度与框架，互派长期交流的学者（目前希腊懂中文的学者非常少，研究中国无法使用一手文献，不利于在希腊传播中国故事）。希腊大学（派迪昂大学、雅典大学、比雷埃夫斯大学、亚里士多德大学等）和智库可以提供场地和人员等。双方合作将带来人员和资源投入的协同增效，也有利于培养双方的年轻学者，增进中希的人文交流。同时希望中国现有的与中东欧国家智库合作框架（如 17＋1 智库网络等）邀请希腊相关机构加入。

希方专家还建议，中国智库可考虑在希腊建立东南欧地区第一个海外研究基地，或聚焦海事和航运以及安全研究，或寻找合适的研究议题，如中方感兴趣、希方有专长的文明对话、文化保护甚至移民和难民等研究。

（八）做好侨务工作

一是积极引导华人华侨回国创业。国内地方政府尤其是侨乡政府应该对回国创业投资的华侨提供政策扶持，尤其是像温州、福州、厦门、义乌等侨乡政府应该对归国创业的华侨提供减税、简化行政手续、提供资金补贴以及提供专业投资引导等政策支持。侨胞经济对地方经济的发展具有重要的反哺功能，而据调研发现希腊华人华侨回乡投资的意愿普遍较低，故而侨乡政府应该积极引导华人华侨归乡创业投资，并为其打造公正、透明、可持续的创业投资平台。

二是鼓励华侨学习国内成熟商业模式，结合希腊情况进行创新。中国政府尤其是侨乡政府可发挥引导支持作用，比如通过商会、行会等组织举办商业管理运营研讨会和学习班，让更多的华商了解、学习国内成熟先进的商业经营模式，并可打造中国政府、企业——希腊政府——华商三位一体参与的商业创新平台，充分整合资源，在促进华人华侨发展的同时为希腊创造更多的经济和社会效益。像希腊这样具备发达交通物流体系的国家，服饰、鞋包等批发零售行业完全可以运用电商销售模式，但这需要中方企业、政府和希腊政府的技术支持和政策扶持。

三是充分发挥希腊华人华侨社团的作用，形成示范效应。希腊华人社团建设成熟，并在配合领事馆工作、促进与希腊社会融合等方面做出了杰出贡献，中国政府应该充分发挥华人社团在促进华人华侨发展、参与"一带一路"建设等方面的作用，以整合希腊华人华侨资源，及时回应其关切。此外，中国相关部门应该加强与希腊华人社团的联系，与其深入展开合作，扶持、培养一批在商业、文化教育、慈善公益等方面做出突出贡献的杰出华人企业和华人代表，对希腊华人乃至整个欧洲华人华侨界都形成正向积极的示范辐射效应。

刘作奎，历史学博士，中国社会科学院欧洲研究所研究员，中东欧研究室主任，中国—中东欧国家智库交流与合作网络秘书长、学术委员、理事，刘作奎的研究兴趣主要包括：中东欧研究、"17+1合作"研究、中欧关系研究、土耳其问题及中土关系等。

宋晓敏，中国社会科学院欧洲研究所副研究员，现为《欧洲研究》编辑部主任。主要从事国际政治与希腊问题研究。著作有《列国志：希腊》、《试析20世纪90年代以来希腊养老金制度的改革》（《经济社会体制比较》2017年第6期）、"Impact of Crisis on Greece and European Political Ecology"（*Contemporary World*, Quarterly, No. 1, 2015）等。